서른,
나에게
투자할
때

서른, 나에게 투자할 때

초판 1쇄 발행 2020년 12월 15일

지은이   아일러
발행인   조상현
마케팅   조정빈
편집인   김주연
디자인   로컬앤드

펴낸곳   더스(더디퍼런스)
등록번호   제2018-000177호
주소   경기도 고양시 덕양구 큰골길 33-170
문의   02-712-7927
팩스   02-6974-1237
이메일   thedibooks@naver.com
홈페이지   www.thedifference.co.kr

ISBN 979-11-6125-278-0

| 더스 | 더디 | 더디퍼런스 | 마이북 |

90년대 생 경찰공무원,
1억을 모은 후 달라진 5가지 인생 원칙

서른,
나에게
투자할
때

아일러 지음

더스

노력을 강요받지만 노력의 대상과 방법을 몰라 방황하는 90년대 생들에게

올해로 서른을 맞이한 91년생입니다. 서른은 준비할 나이가 아니라 성장의 단계로 접어들어야 할 나이임에도 대한민국에서 '성장'이란, 어렵고 힘든 단어로만 느껴집니다. '어떻게 살 것인가'에 대한 물음에 당신은 어떤 답을 준비하고 있나요?

20대에는 입시의 문턱에서 고전했습니다. 연이은 도전에도 불구하고 결국 목표한 대학에 진학하지 못했습니다. 할 줄 아는 것이라곤 공부밖에 없던 샌님이었기에 원하는 대학에 진학하지 못한 건 제 삶에 적지 않은 충격이었습니다. 하루하루 초조했고 미래를 생각하면 끊임없이 바윗덩이를 굴려 올리는 형벌을 받은 암울한 기분이었습니다.

학과에 적응하지 못해 동기들 사이에서 겉돌던 일 년. 겨울학기 종강과 함께 그렇게 쫓기듯 군대에 입대했습니다. 불안을 잠재우고자 군 복무 시절 틈만 나면 공무원 시험을 준비했습니다. 희망 없는 시대에 어떻게든 안정을 찾고 싶었습니다. 뚜렷한 인생의 목표도, 이루고 싶은 이상도 없던 저는 결국 경찰공무원이 됐습니다.

　저는 이 책에서 공무원이 되라는 이야기를 하려는 게 아닙니다. 일을 하면서 뒤늦게 깨달았습니다. 안정적인 일상이 결코 안심할 수 있는 일상은 아니라는 것을 말입니다. 공무원은 정년을 보장받는다는 점을 제외하면 업무적으로 단점이 꽤 많습니다. 박봉인 9급 공무원 월급, 딱딱하고 경직된 조직문화, 업무 능력보다는 연공서열이 중시되는 인사체계, 사회가 바라보는 경찰에 대한 부정적인 인식이 그렇습니다. 밖에서 보던 경찰의 이미지와 안에서 경찰로 살아가는 현실의 괴리가 생각 외로 커서 순경 시절 운 적도 많았습니다.

　당시를 회상해 보면 제게는 두 가지 고민이 있었습니다.

　우선, 어떻게 살아야겠다는 가치관과 목표가 없다는 점이었습니다. 20대라면 누구나 공감하는 고민입니다. 고교시절에는 명문대 입학에 몰두하다가, 막상 대학생이 되면 스스로를 돌아볼 겨를도 없이 취업 성공을 위해 달려듭니다. 졸업할 즈음에 누가 취업에 성공했고, 누가 안 됐다는 수군거림만 무성했습니다.

그 안도와 한숨 사이에서 여전히 불안해 하는 스스로를 견뎌 내기란 여간 힘든 일이 아닙니다.

또 다른 고민은 턱없이 부족한 월급이었습니다. 처음 경찰학교에 입학해 교육생 신분으로 받은 첫 월급은 150만 원이 채 되지 않았습니다. 이후 정식으로 임용된 후에도 월급은 200만 원을 조금 넘는 수준이었습니다. 매달 월세와 관리비로 60만 원, 식비로 40만 원, 생활비 40만 원, 교통비 10만 원을 제하면 50만 원을 저축하기도 빠듯했습니다.

현재 서울 아파트의 중위 가격은 9억 원을 상회합니다. 이런 집값 앞에서 저축을 포기하고 욜로(You Only Live Once)를 외치는 90년대 생의 심정을 어찌 모르겠습니까.

2020년 올해로 직장생활 6년 차, 나이로는 서른을 맞았습니다. 방황하던 20대를 지나면서 앞서 언급한 두 가지 문제를 어떻게 하면 해결할 수 있을까 늘 고민했습니다. 그리고 현실적이고 성장 가능한 방법을 조금씩 터득하기 시작했습니다.

먼저 삶에 대한 명확한 목표부터 세웠습니다. 승진에만 급급할 게 아니라 '주변인들에게 선한 영향력을 끼치는 사람이 되자'라는 삶의 가치관을 세웠습니다. 동시에 갑갑하기만 하던 경제적 문제를 해결하기 위해 현실적인 자구책을 찾기 시작했습니다.

별거 아니라고 말할 수도 있지만, 30대에 투자를 위한 1억이라는 소중한 종잣돈을 모았으니 불안을 이겨 내기 위한 저의 전

략이 통했다고 봅니다.

이 책에서는 20대라면 반드시 직시해야 할 '삶의 기반을 만드는 다섯 가지 주제', 1. 직업, 2. 돈(재테크), 3. 독서(자기계발), 4. 인간관계, 5. 소확행에 관해 다루려고 합니다.

첫 장은 직업으로서의 공무원에 대한 이야기입니다. 최근 수능 대신 9급 공무원 시험을 준비하는 고등학생 수가 빠르게 늘고 있습니다. 저성장 시대를 살아가는 학생들의 셈법이 빨라진 것입니다. 명문대학을 졸업하고 근사한 대기업에 입사하더라도 마흔 살이 채 되지 않아 퇴직을 걱정하는 어른들을 지켜보았을 것입니다. 그런 학생들의 눈에는 공무원이야말로 최선의 선택지라 느꼈을 테고요. 그러나 안정된 직업이라 하더라도 평생 한 가지 일을 해야 한다면, 일에 대한 신념과 가치를 따져 봐야 합니다. 적성에 맞지 않는 일에 몸담았다가 퇴사, 우울증, 심지어 자살로 이어지는 비극을 보곤 합니다.

오늘날 30만이 넘는 사회초년생과 고등학생들이 공시생의 길로 접어들고 있습니다. 얼마든지 노력하면 공무원이 될 수는 있지만, 공무원이 됐다고 해서 인생이 끝나는 것은 아닙니다. 목표 의식 없이 안정만을 쫓다 보면 공직에 입문하더라도 사춘기를 않는 아이처럼 내홍을 겪습니다. 저 역시 뒤늦은 사춘기를 극복하는 과정이 결코 만만치 않았습니다. 무작정 공무원이 되긴 했지만 이후의 방황과 혼란을 수습하는 과정을 1장에 담았습니다. '어떤 일이든'이 아니라, 할 수만 있다면 자신에게 맞는 일을 찾는 게 얼마나 중요한지 전하고 싶습니다.

2장은 돈에 얽힌 경제 이야기입니다. 월급이 박봉인 사회초년생이 어떻게 경제를 공부하고 실물자산에 투자했는지 그 과정을 서술하고, 투자 이후 경제, 사회, 정치를 바라보는 시각의 변화에 대해 얘기하고자 합니다. 사회초년생은 늘 허기집니다. 정서적 결핍과 경제적 결핍을 동시에 느끼는 시기입니다. 월급은 적지만 욕구는 그 어느 시기보다 충만합니다. 사고 싶고 먹고 싶은 욕구들이 끊이질 않습니다.

당신은 부자가 되는 방법을 알고 있나요? 대개 근검절약부터 떠올릴 겁니다. 월급쟁이에게 절약 말고는 대안이 없어 보이니까요. 그렇다고 욕망을 눌러 가며 초라한 20대를 보내고 싶지 않았습니다. 지방에서 올라와 좁은 원룸에서 힘겹게 사는데 생활까지 초라하면 살맛이란 게 생기지 않으니까 말이죠. 서울에서 가끔씩은 나도 뭔가 누리고 있다는 욕구를 충족시키기 위해 경제와 재테크를 공부했습니다. 그리고 26살이 되던 해, 그간 공부해 온 지식을 토대로 부동산으로 첫 실물 투자를 시작했습니다.

자산을 가지기 전에는 경제뉴스라든지, 부동산 정책이라든지, 정치 이야기는 소위 어른들의 영역이라 생각했습니다. 나와는 무관하다 생각했지만, 투자를 시작하면서 어느덧 제가 그 어른의 위치에서 세상을 알아 가고 있더군요.

'하고 싶은 것'을 '하고 싶을 때' '하고 싶다'는 욕구에서 시작한 경제 공부야 말로 세상을 바라보는 시각을 바꿔 주었습니다. 지방에서 올라와 쥐꼬리만한 급여로도 원하는 부를 모을 수 있다는 희망을 보았습니다.

3장은 아무리 강조해도 지나치지 않은 독서에 대한 이야기입니다. 그간의 경험을 바탕으로 바쁜 일상 속에서 독서를 위해 자투리 시간을 만들어 활용하는 방법과 빈약했던 지갑이 두툼해지고 메말랐던 감정이 풍요로워지는 실용적인 독서커리큘럼을 소개하고자 합니다.

해가 바뀌면 우리는 늘 새해 계획을 세우곤 합니다. 매년 빠지지 않고 등장하는 단골 계획이 바로 독서입니다. 누구나 책을 읽어야 한다는 것은 알고 있습니다. 어린시절부터 어른들에게 귀가 닳도록 들은 이야기죠. '책 속에 길이 있다', '하루라도 책을 읽지 않으면 입안에 가시가 돋는다'는 얘기는 이제 진부합니다. 그럼에도 이 시대를 살아가는 90년대 생들은 한 달에 평균 몇 권의 책을 읽을까요? 2011년 UN의 조사결과에 따르면, 한국의 월 평균 성인 독서량은 0.8권으로 6.6권인 미국에 비해 크게 떨어지는 것으로 나타납니다. 이웃나라 일본의 경우 월 6.1권이라고 합니다.

주변의 90년대 생들에게 책을 읽지 않는 이유를 물은 적이 있습니다. 돌아오는 대답은 크게 두 가지였습니다. 하나는 책을 읽을 시간이 없어서, 다른 이유로는 어디서부터 어떻게 읽어야 할지 모르겠다는 것이었습니다. 책을 읽어야 한다는 사실은 알지만 당장 자신에게 필요한 책을 선택하는 게 힘들다고 합니다. 책을 접해 본 경험이 적으니 선택에 어려움을 겪는 것은 당연한 결과입니다. 그런 90년대 생들을 위한 자투리 시간 활용법과 불필요한 시행착오를 줄여 줄 엄선된 독서 리스트를 준비했습니다.

4장은 경찰공무원으로서 지내며 느낀 인간관계에 대한 내용입니다. 어디에서 무슨 일을 하든지 간에 우리는 늘 관계 속에서 존재합니다. 그렇기에 사람들과의 관계를 귀하게 생각하고 소중하게 여기는 마음이 중요합니다. 저는 '하늘은 스스로 돕는 자를 돕는다.'는 격언을 좋아합니다. 사회생활을 해 보니 정말 그렇습니다. 공손하고 열린 마음으로 대인관계를 이어 가다 보면 예상치 못한 시간과 장소에서 인생의 귀인들을 만나게 됩니다. 돈을 벌기 위해 출근하는 직장에서 인격과 성품이 완성된 상사를 보며 바람직한 어른의 모습을 설정하게 됐습니다. 옆자리에 근무하는 선배가 알고 보니 뛰어난 투자자였고, 그분을 통해 실물자산의 중요성에 대해 눈뜨게 돼 이론으로만 알던 투자 원칙을 과감하게 실천으로 옮기게 됐습니다.

학창시절과 달리 사회에서 만난 친구는 진정한 동반자가 될 수 없다는 이야기를 많이 듣습니다. 아무래도 서로의 필요로 만나게 되는 관계이기에 기본적으로 이해관계가 얽혀 있습니다. 그럼에도 불구하고 진심으로 상대방을 배려하고 이해하다 보면 한 평생을 같이 할 막역지우를 만나는 행운을 경험할 수 있습니다. 건강하고 튼튼한 대인관계는 삶의 든든한 안식처가 됩니다. 원만한 인간관계는 경제적, 사회적 성취를 위해 열심히 전투를 끝낸 뒤 돌아온 따뜻한 보금자리와 같은 것이죠. 주변인들을 아군으로 만드는 것이 무엇보다 중요합니다.

5장은 서른 살 또래들에게 전하는 행복에 대한 저의 생각입니다. 하루하루 열심히 직장생활을 하고 자투리 시간을 활용해 부지런히 자기계발을 합니다. 좋습니다. 삶을 알차게 보내고 있다는 생각에 충만한 기분이 들기도 하고 조금씩 달라지는 모습을 보면서 성취감을 느끼기도 합니다. 그런 노력에 한 가지 문제가 있다면 '경제적 자유와 풍요로운 삶'이 아득히 보인다는 점이죠. 올바른 방향으로 가고 있지만, 물리적 거리가 지나치게 멀 경우 그 괴리감으로 인해 금세 지치게 됩니다. 그렇다고 미래의 행복 따위는 저버리고 현재의 행복을 외치며 멋대로 살아야 할까요? 이럴 때일수록 장기적인 안목과 정해진 계획 안에서 현재의 행복을 찾아야 합니다. 소소하지만 확실히 나의 행복(만족)을 위한 계획 말이죠. 일상의 작은 행복들이 하나둘 모이고 빈번해지면 고단한 현재의 일상도 행복한 하루로 바뀔 수 있습니다.

제가 30대가 되기 전 1억을 모은 후 세상을 바라보는 시각이 달라졌듯, 20, 30대 사회초년생들과 90년대 생들에게 지금부터 시작되는 저의 이야기가 도움이 될 것입니다. '노력'을 강요받지만, 노력의 '대상'과 '방법'을 몰라 방황하는 90년대 생들에게 이 책이 도움이 됐으면 합니다.

감사의 글

삶의 전부이자 목숨보다 소중한 어머니, 아버지.

어머니는 아들인 제게 세상의 전부를 주시며 분에 넘치는 사랑

으로 저를 키워 주셨습니다.

이제 제가 세상의 전부를 어머니께 드리고자 합니다.

부디, 아들 곁에 건강한 모습으로 오래오래 있어 주세요.

어머니, 아버지 감사합니다. 그리고 사랑합니다.

차례

Part II.

사회초년생, 다시 경제를 공부할 때

Part V.

**서른 살,
불안과 걱정보다
지금 당장
행복하기**

Part I.
공무원,
안정적인 직장이
전부가 아니다

야, 너두?

삶을 움직이게 하는 것

저녁 9시, 밖을 나가기도 잠을 자기에도 애매한 시각. 색 바랜 캐릭터 벽시계의 똑딱거림이 들릴 만큼 사방이 고요하다. 침대 아래 가로누운 채로 발을 뻗어 리모컨을 낚아채서는 꾹 눌러 TV를 켠다. 그러고는 이리저리 채널을 넘긴다. 위에서 아래로 아래에서 위로, 의미 없는 손가락질이 리모컨 위에서 번잡하다.

재수가 실패로 끝난 날 저녁….

어디서부터 무엇을 어떻게 정리해야 할지 막막한 밤. 또 한 번의 실패에 대한 자책과 원망, 뒷바라지 해 주신 부모님께 미안함, 더는 안 될 것 같은 비관, 어떻게 됐는지 곧 물어 올 주위 시선에 대한 민망함이 한데 뒤섞여 어지러운 밤이었다.

아들을 위해 한 치의 망설임 없이 서울 강남으로 재수를 보낸 부모님을 생각하면 특히 마음이 더 괴로웠다. 당장 내일 아침 눈을 뜨는 게 두려웠다. 방 안에 불을 끄고 그저 깊은 침묵과 어둠 사이로 스며들고 싶었다.

'나란 인간은 대체 왜 태어난 걸까' 하는 자책을 하면서도 이런 물음이 부질없음을 잘 알고 있었다. 내가 스스로에게 던져야 할 적절한 질문은 '이제 어떻게 해야 할까'였다.

이때가 인생의 첫 좌절이었다. 나는 굴곡 없이 살아온 공무원 아버지와 충분하다 못해 넘치는 사랑을 주신 어머니 밑에서 자랐다. 남들처럼 건강했고 성적도 나쁘지 않았다. 이대로 살면 그럭저럭 잘 살 줄 알았는데, 부모님의 '살던 대로'란 기준은 내 기준에서 턱없이 까마득한 것임을 깨달았다.

지금 이 글을 쓰면서 생각하건데 아이가 어른이 된다는 건, 갖지 못한 어떤 것을 가졌을 때부터라는 생각이 든다. 그건 '불안'이다. '잘 살 수 있을까?', '난 어떻게 될까?' 하는 삶의 근원에 대한 의문과 불안감이 스트레스를 만들고, 그 스트레스야말로 문제 해결을 위해 나를 밀어 한 걸음씩 어려운 발걸음을 떼게 한다.

김 상경님? 공무원 준비하시는지 말입니다?

실패한 재수(원하는 대학에 가지 못한) 끝에 들어간 대학. 새내기의 설렘은 깊어 가는 가을과 함께 사라졌다. 시간은 빨랐고 어느덧 입대를 눈앞에 두고 있었다. 의외로 군대라는 곳도 여러 선택지가 있었다. 하지만 내가 군대를 선택한 기준은 2년이라는 시간을 활용할 수 있는 곳이었기에 의무경찰에 지원했다.

뭐든 익숙해지면 편해지듯 입대 후 상경이 되면서 주위를 돌아볼 여유가 생겼다. 숨을 헐떡이며 뛰던 매일 아침 구보 중에도 사색이 가능했으니 말이다.

상경은 제대가 보이는 군번이다. 이때부터 서서히 제대 후에 대한 걱정이 시작됐다. 평범한 대학의 어문학과에 진학했으니 우선 진로가 막막했다. 상경계열을 복수전공해서 스펙 관리가 필요할 듯 싶었다. 취업에 성공하더라도 '과연 정년까지 내쳐지지 않고 살아남을 수 있을까' 하는 고민 앞에서 또 한 번 고개를 젓게 됐다. '창업? 카페나 맛집을 차려 볼까?' 이 또한 적성에 맞지 않는 일을 겁도 없이 벌릴 수는 없는 노릇이다. 게다가 창업비용은 어디서 나온단 말인가. 뭔가 하려면 밑천이 있어야 하는데, 이제 갓 제대를 앞둔 청년에게 돈이 있을리 만무하다. 결국 고민 끝에 얻은 건 수북이 쌓인 낙담의 흔적뿐이었다.

푹푹 찌는 여름에 맞는 장마 비와 군인의 휴가는 공통점이 있다. 한없이 달콤하지만 즐길 새도 없이 끝난다는 것. 피곤에 절은 귀대 버스 안, 희미하게 한 가닥 희망의 뉴스가 내 귀에 흘러들었다.

"정년이 보장되는 고용 안정성과 노후연금에 대한 기대감으로 공무원을 꿈꾸는 취준생과 직장인이 많은 것으로 보입니다. 취업 준비생과 직장인 10명 중 2명은 공무원 시험을 준비했던 경험이 있다고 밝혔고…."

공무원, 공무원? 공무원! 방향 없던 방황에 기준점 하나가 찍히는 기분이었다.
"그래, 공무원을 준비해 보자."

부대 휴무일이면 의무경찰은 일주일에 한 번 사회로의 외출이 허락된다. 에너지와 호기심이 왕성한 20대 군인에게 외출은 그야말로 가뭄에 내리는 한 줄기 단비와도 같다. 외출 전 행정 소대장의 교양이 이어진다.
"나가서 민간인들이랑 싸우지 말고, 시비 걸어도 못 들은 척 지나가고."
"여자 친구 만나면 맛있는 거 많이 사 주고. 사내자식들이 매일 얻어먹지만 말고."
소대장의 짧은 교양이 끝나고 앞다투어 대원들의 외출이 시작된다. 부대를 떠나는 그들을 뒤로하고 소대로 돌아가는 나를 보며 후임이 물었다.

"김 상경님, 외출 안 하시는지 말입니다."

"지갑을 두고 왔네. 먼저 가. 기다리지 말고."

왁자지껄한 웃음소리는 이내 사그라들고 적막함이 그 자리를 대신한다. 오전 9시에 외출을 나간 대원들은 저녁 7시에 복귀해야 한다. 하지만 외출을 나가지 않은 내게는 온전한 10시간이 생긴다.

미래에 대한 불안감과 닥쳐올 시험의 중압감은 늘 현재의 즐거움보다 한발 앞섰기에 공무원 시험을 준비하기로 마음먹은 이후에는 외출을 자제했다. 소중한 외출을 포기했다는 생각은 시간 관리에 대한 강박관념으로 이어져 식사까지 건너뛰게 했다.

> 09:00~11:00 국사
> 11:00~13:00 형사법
> 13:00~14:00 휴식
> 14:00~17:00 영어
> 17:00~18:00 복습

그렇게 복습을 마무리할 무렵 후임들이 하나둘 소대로 복귀했다. 외출에서 복귀한 이들은 다채로운 이야기를 풀어냈고, 그들의 에피소드를 들으며 치열하게 지나간 하루를 위로받았다.

공무원 공부는 지루하기 짝이 없다. 21세기를 살아가는 지금 구석기와 신석기의 구별이 무슨 실익이 있는지 이해하기 힘들었고, 무수히 많은 형법 이론과 판례는 사람을 지치게 만들었다. 수험 공부에 흥미와 적성이 들어갈 틈은 없었다. 누구보다 공부가 싫고 지루했기에 마지막이라는 생각으로 치열하게 공부했다.

공무원을 준비하게 되는 계기는 저마다 가지각색의 이유가 있다.

-대기업을 가기에는 스펙이 부족해서
-대기업을 간다고 해도 언제든 해고될 수 있어서
-하고 싶은 일이 딱히 없어서
-엄마가 하라고 해서(이런 사람 의외로 많다.)
-편해 보여서
-저녁이 있는 삶을 살고 싶어서
-딱딱한 조직 문화가 싫어서
-당연한 답이겠지만, 안정적이니까.

공무원이 답이라고 생각하면 답일 수도 있다. 하지만 막상 공무원이 되면 깨닫게 된다. 사회에서의 불합리, 부조리가 공무원 사회에도 만연해 있고, 안정적인 것을 제외하면 공무원들 역시 다른 직업의 사람들을 부러워한다는 것을 말이다.

어찌됐건 난 공무원이 됐다. 지금부터 사적인 공무원의 삶을 조금 풀어 보고자 한다. 공무원이라는 직업은 중요치 않다. 내가 서른의 나이에 작지만 종잣돈을 모으고 내 명의의 아파트를 가질 수 있었던 이유는 첫 시작에 직업이라는 토대를 깔 수 있었기

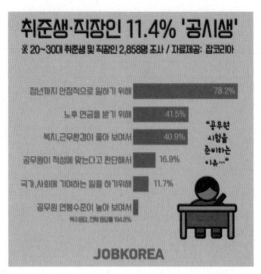

출처: 잡코리아

때문이다. 공무원은 생각보다 박봉이다. 오히려 직장인의 급여가 더 낫다.

어떤 직업을 가졌든 최소한의 급여로 최대한 1억 원이라는 밑천을 모을 수 있다. 직업이 꼭 필요한 이유는 첫 번째가 정기적인 수입이다. 두 번째는 무엇일까? 바로 멘탈이다. 아침 9시에 출근해서 오후 6시에 퇴근하는 안정적인 삶의 순환이 평상심을 유지하게 한다. 마음의 상태가 균일하고 매끄러워야 그 위에 여러 생각을 쌓아 올릴 수 있다.

그럼 공무원의 삶이란 어떤 것인지, 당신이 반드시 부러워할 만한 직업인지 내 삶 가운데로 들어가 보자.

24살,
9급 경찰공무원이 되다

공무원은 회사원과 다르다

14년 2월, 드디어 제대했고 무더웠던 그해 여름 나는 경찰이 됐다. 24살이란 이른 나이에 합격했다며 많은 이들의 축하를 받았다. 경찰공무원이 됐으니 앞으로 좋은 일만 있을 것 같았다.

직업은 결혼과 닮은 것 같다. 들어가기 전까진 꿈에 부풀지만 시작과 동시에 같은 공간에서 살아 가야 할 타인들과 부딪힌다. 합격 후 한껏 부풀었던 기대는 예상치 못한 시련들로 금세 시들해지고 말았다. 공무원은 공무를 다루는 직업이다. 공무원은 회사원과 다르다는 것을 경찰이 되고서야 깨달았다. 우선 직업에 걸맞은 언어와 품행을 요구받았다. 자유롭게 살던 24살 청년이 다시금 입대한 느낌이었다. 군대와 사회를 절반씩 섞어 놓은 게 경찰이라는 직업을 표현하는 뉘앙스랄까.

공무원이 됐다고 해서 현실적인 고민들이 사라진 것은 아니었다. 무엇보다 1학년에 멈춘 대학생활이 그랬다. 어렵게 들어갔지만 취업 후 학교를 중단해야 하는 데서 오는 허탈감은 어찌할수 없었다. 취업과 대학생활을 등가 교환한 것은 내 선택이었지만, 한편으론 젊은 시절 대학생활을 즐기는 동기들의 이야기를 들을 때마다 부러움을 감내해야 했다.

대학생 vs 9급 공무원

대학 진학과 동시에 공무원 시험을 준비하는 이들을 '초반러쉬한다'라고 말한다. 최근 '초반러쉬' 연령은 점점 낮아져 수능을 포기하고 공무원 시험을 준비하는 고등학생까지 늘고 있다. 사람마다 처한 상황과 환경이 다르니 무엇이 옳은지 혹은 더 나은 선택인지는 섣불리 평가할 수 없다. 정부의 선취업 후진학 홍보 정책들을 보고 있자면 빠른 직업 결정도 취업 시장의 트렌드로 자리매김한 듯하다.

취준생과 달리 캠퍼스 대학생활은 폭풍전야의 고요한 평온으로 가득하다. 어쩌면 자신의 일생에서 처음이자 마지막이 될 여유일지도 모르겠다. 학업에 대한 압박과 경쟁에서 자유로울 수 있다는 것만으로도 학창시절에 누려 보지 못한 특권이다. 술과 담배가 허용되고 연애와 방탕이 낭만이란 이름으로 해석될 수 있는 시기, 굳이 학점에 목을 매지 않는다면 이러한 자유는 얼마든 확장 가능한 게 대학생활이다.

만나 보지 못한 인간군상을 만나고, 해 보지 못한 취미 생활에도 빠져 본다. 친구 몇몇은 외국어를 배워 보겠다며 외국인 유학생들과 교류하다 유학이란 새로운 길을 떠나기도 했다. 4월이 되면 교내는 벚꽃으로 가득하다. 어딜 가나 벚꽃이 가득한 이유를 알고 싶다면 꽃길 속으로 들어가 보라. 그곳에 젊음이 있고 사랑이 있다. 꽃이 있는 곳에 연인이 있고, 연인이 되고 싶은 이들이 있고, 연인이 되어 가는 이들이 있다. 꽃길은 연애의 길이기도 하다. 대학가의 벚꽃은 청춘에게 없어서는 안 될 상징이다.

갓 스물이 된 어린 친구들이 이런 꽃길 같은 대학생활을 포기하고 노량진으로 발걸음을 돌린다는 소식을 접할 때마다 마음이 서글프다. 무엇이 그들을 그렇게 조급하게 만들었을까. 그리고 과거의 나는 뭐가 그렇게 급했던 걸까. 그때에만 누릴 수 있는 것을 누리지 못하면 기회는 다시 오지 않는다. 경찰이 되고 나서 잃어버린 나의 대학생활을 오래도록 그리워했다. 대학 1학년, 내 가슴엔 단 한 번 벚꽃이 핀 이후로, 계절이 몇 번을 돌았지만 대학가에 만개한 그날의 벚꽃을 더 이상 만날 수 없었다.

나이에 맞는 추억을 즐길 겨를도 없이 오늘도 현실에 휩쓸려 가는 아이들과 이미 휩쓸려 저만치 멀어진 내가 안쓰럽다.

조금 늦은 사춘기

직업의 그늘

영화에 나오는 경찰들은 멋있다. 성난 근육과 폭발적인 스피드로 악당들을 가볍게 제압한다. 경찰에 대한 판타지가 고스란히 반영된 영화 <범죄 도시>의 배우 마동석 캐릭터가 그렇다. 그러나 현실에서는 공권력 남용과 과잉진압이라는 오명을 뒤집어쓰기에 딱 좋다. 진짜 이런 경찰이라면 언제든 옷 벗을 각오를 해야 한다.

직장인에게 저녁 9시는 이른 시각이다. 긴장을 풀고 안온한 저녁을 보내다 보면 시간이 어떻게 지나는지도 모른다. 그들이 속옷 바람에 소파에 너부러져 쉬는 그 시간부터 바빠지는 사람들이 있다. 바로 경찰이다.

경찰관의 밤은 소란하다. 날이 저물면 길거리에는 취객들이 한두 사람씩 늘어간다. 밤 9시부터 동틀 무렵까지 싸우고, 울고, 쓰러지고, 욕하고, 부시고, 도망치고, 잡고, 고함치는 사람들 때문에 무전기는 쉴 틈이 없다. 하루에 몇 번이고 출동을 반복하다 보면 진이 빠지고 어느새 동이 튼다. 밤술은 사건을 만들고, 경찰의 밤은 그래서 늘 소란하다.

이런 환경에서 일해야 하는 경찰관은 평정심을 유지하는 것이 무엇보다 중요하다. 유달리 무더웠던 2015년 9월, 자정이 가까워져 몰려오는 피로와 함께 퀭하니 깊어진 눈을 껌뻑거리고 있었다. '쾅' 소리에 놀라 고개를 드니 포마드를 덕지덕지 바른 머리에, 꽉 낀 정장을 걸친 30대 남성이 문을 박차고 지구대 안으로 성큼성큼 걸어오는 게 아닌가.

"화장실 어디야?"

문 앞에 머리가 하얗게 샌 아버지뻘인 두 명의 경찰관이 서 있는데도 반말을 지껄이는 이 버르장머리 없는 자식을 혼내 주고 싶었지만 지구대로 들이닥친 취객을 상대하는 최선의 방법은 조용히 돌려보내는 것임을 알기에 묵묵히 지켜볼 수밖에 없었다.

화장실을 나온 남성은 목 깊숙이 끓는 소리를 내더니 누런 덩어리를 바닥에 뱉는 게 아닌가.

"야! 내가 누군지 알아? 내가 누군지 아냐고. 커피 가져와 커피!"

그가 누군지 관심도 없고 알고 싶지도 않다. 눈앞에서 고래고래 소리치는 무례한 이 자식을 보고 있자니 분노가 솟구쳤다.

'그래 조금만 더 날뛰어 봐라. 관공서 주취 소란으로 입건해 버릴 테니!'

속으로 혼자 씩씩대다가도 '아니다, 나름 저렇게 취한 사연이 있겠지' 싶은 생각에 다시 마음을 누그러뜨렸다.

"선생님, 많이 취하셨네요. 커피는 없습니다. 대신 시원한 물 한 잔 드시고 귀가하세요. 가족들이 걱정하겠습니다."

호의가 호의로 받아들여지면 얼마나 좋을까.

"씨x, 넌 뭐야? 순경이야? 야 순경은 됐고, 씨x. 소장 나오라 그래. 소장!"

분위기가 험악해지자 선배는 내게 빠지라는 신호를 보냈다. 선배는 웃으며 "선생님, 왜 그러세요. 같이 담배 한 대 피울까요? 잠시 밖으로 나가시겠어요?" 하며 그 남자를 밖으로 이끌었다.

지구대 밖 창문 너머 빨간 불씨 두 개가 커졌다 작아졌다 하며 어둠 속에 떠 있는 게 보였다. 무언가 말이 오갔고 매캐한 연기가 희미하게 불씨를 가렸다 흩어졌다. 남자는 두서없는 말을 쏟아 냈고, 선배는 그 남자가 하고 싶은 말을 전부 비워 낼 때까지 기다려 주었다. 사람들은 경찰이라 하면 으레 강한 이미지를 떠올릴지 모르지만 꼭 그렇지만은 않다.

우리 사회에서 가장 약자가 누구냐고 하면 경찰이라 해야 옳을지도 모른다. 경찰은 내가 아니라 타인의 생명과 삶이 우선인 사람이니까. 공무원이 됐지만, 공무의 의미를 난 그때까지 모르고 있었다.

선배의 마음은 어땠을까. 뭐가 좋다고 저런 사람 앞에서 저렇게 웃어 줄까. 솔직히 바보 같이 보였다. 그런 바보가 내가 되어야 할 경찰의 자세라면 자세이겠지만. 안정적인 직업만 생각했지, 안정적인 직업을 통해 내가 평생 어떤 마음으로 살아야 하는지, 나는 직업을 위해 무엇을 희생해야 하는지에 대한 생각은 1도 없었다.

대한민국에는 수백만의 공무원이 있지만, 공무에 대한 자기 철학을 세우고 살아가는 사람이 얼마나 될까? 속이 답답해 담배를 꺼내 물었다. 깊이 숨을 들이쉬니 알싸한 연기가 속을 긁는다. 문득 경찰을 준비한다는 후배에게 전화를 걸었다.

"민성아, 공부 잘하고 있니?"

"예, 선배님, 열심히 하고 있습니다."

"힘들어도 열심히 해."

"선배님, 무슨 일 있어요?"

"무슨 일은 생각나서 전화했어. 필요한 거 있으면 연락하고."

진짜 하고 싶은 말을 할 수 없었다. '하고 싶은 일을 하며 살라'는 말이 입가에서 맴돌았지만, 그의 꿈에 찬물을 끼얹는 것 같아 조용히 끊었다. 안정된 직업이 전부는 아닌데, 잃는 것도 많다는 걸 경찰이 되고서야 하루하루 깨닫는 중이다.

주제를 알아야지

"김 순경, 지금 어디 살아?"

야간근무가 겨우 잠잠해진 새벽 5시, 순찰을 돌던 선배가 물었다. 온밤 날 서 있던 몸은 어스름한 새벽이 되니 노곤해지기 시작했다.

"예, 마곡에 살고 있습니다. 운 좋게 저렴한 집이 있더라고요."

"마곡? 좋은데 사네. 마곡을 어떻게 알고? 김 순경이 샀어? 아니면 전세?"

"싼 전세가 나와서 계약했어요. 운이 좋았어요."

실은 운이 아니라 부동산을 공부해 오며 잡은 기회였다. 부산에서 서울로 올라오면서 어디에 살지 늘 고민했다. 직장 위치가 강서구여서 5호선과 9호선이 연결되는 모든 역 주변의 부동산을 돌아다녔다.

당시 마곡은 서울의 마지막 남은 대규모 택지지구로 주목을 받았던 터라 대기업 입주와 MICE 복합단지 조성 사업 등의 호재 때문에 오피스텔이 과잉 공급 상태였다. 그런 덕에 저렴하게 전세를 들어갈 수 있었다. 물론 선배에게 부동산을 공부하고 있다는 얘긴 하지 않았다. 아무래도 부동산 투자라고 하면 색안경을 끼고 보는 사람도 있고, 투자에 성공했다고 해서 온전히 상대방을 축하해 줄 수는 없는 것이 사람 심리라서 말이다. 잘 모르고 어수룩한 이미지로 조용히 직장생활을 하는 게 입에 오르내리지도 않고 편할 거란 생각이었다.

"그래? 그러면 집을 사야지. 오피스텔 말고. 이제 결혼하고 자리도 잡아야 하니까. 앞으로 어디서 살고 싶어?"

"기회가 되면 강남에서 살고 싶어요."

서울 생활을 시작한 곳이 교대역 인근에 있는 하숙집이었다. 갓 스물밖에 안 된 부산 촌놈에게도 강남은 좋아 보였다. 말로만 듣던 강남역은 세련된 고층 빌딩 숲이었다. 적잖이 문화충격을 받았던 터라 이때 강남에 살아 보고 싶단 생각을 하게 됐다.

강남역 반대 방향으로 지하철을 타면 고속버스터미널이다. 그곳에는 없는 것이 없었다. 끝없이 이어지는 지하상가에는 저렴하고 가성비 좋은 물건들이 가득했고, 상가와 연결된 백화점은 사람을 끌어들이는 블랙홀 같았다. 어마어마한 인파가 지하로, 지상으로 물건을 사러 다니는 모습에서 도시의 생동감을 느꼈다. 살아 있다는 느낌 같은 것 말이다. 역에서 한강 쪽으로 내려가다 보면 '래미안퍼스티지' 아파트가 눈에 들어온다. 한강변에 우뚝 선 아파트를 보는 순간 '세상에!' 살아 보고 싶단 욕망이 휘몰아쳤다.

"김 순경, 아직 어려서 그러나 본데 주제를 좀 알아. 강남 엄청 비싸. 순경 월급으로 20년 일해도 못 사. 그런 곳은 처음부터 생각하지도 말고 경기도 쪽 알아봐. 산본이 좋겠다. 그리고 김 순경, 강남에는 누가 사는지 알아? 대기업 다니는 사람이나 전문직들이 살지. 아니면 부모 잘 만나서 물려받을 돈이 많거나. 김 순경 공부 잘했어? 아니다. 잘했으면 순경 안 했겠지. 그러니까 부모님이 공부하라고 할 때 좀 열심히 하지."

선배는 철없는 아이를 다그치듯 얘기하다 느닷없이 엇길로 빠졌다.

"김 순경 집 잘 살아? 부모님은 뭐 하시는데? 물려받을 돈은 좀 있어? 9급 공무원은 강남에 있는 집 못 사. 공무원이 강남 사려면 5급으로 들어와야지. 아무리 못해도 7급으로는 와야. 다른 사람이 물어보면 강남 살고 싶다고 말하지 마. 사람이 주제를 알아야지."

'강남'이라는 단어가 불러 온 파장은 예상 밖으로 컸고, 한심함과 안타까움이 가득한 선배의 눈빛은 한동안 계속됐다. 선배의 눈빛은 무슨 의미였을까? 현실 감각이 떨어져 보이는 후배를 위한 진심 어린 걱정이었을까? 아니면 계급에 맞지 않는 높은 이상에 대한 못마땅함이었을까? 그것도 아니면 '강남'을 꿈꿀 수도 없는 자신의 삶에 던지는 자위 섞인 변명이었을까?

스타벅스 한 잔

경찰에게 날씨와 계절은 넘어야 할 또 하나의 과제이다.

도로의 아스팔트가 녹을 듯이 찌는 여름, 도로 가장자리에서 우두커니 교통을 정리하는 사람도, 매서운 한파에 떨어지기 직전인 귀를 간신히 부여잡으며 시민의 안전을 위해 몇 시간이고 집회 현장을 지키는 사람도, 다름 아닌 경찰관이다.

2016년 겨울, 그해는 유난히 집회가 많았다. 퇴근과 동시에 다음 날의 고단함이 그려져 마음이 침울해지는 날들이 이어졌다. 풀리지 않는 전날의 피로를 풀어 보고자 발버둥 치며 아침식사 대신 10분의 단잠을 선택한 후 06:30분, 여느 날처럼 새벽의 어스름을 보며 출근했다. 사무실에 도착해 경찰복으로 갈아입으며 동료들을 둘러본다. 초점 없는 동공으로 무의식적으로 머리를 넘기고, 셔츠 깃을 바로잡는 그들의 모습에서 삶의 고됨과 피로함이 묻어난다. 나 역시 별반 다르지 않겠지만.

경찰버스를 타고 집회 현장으로 출동했다. 시민들은 집회 현장에 나온 경찰관을 대개 적대시한다. 그날도 별반 다르지 않았다. 집회 참가자의 연령대를 보니 60대 이상의 노인들이 주를 이뤘다. 연세가 있으신 어르신들을 보면 부산에 계시는 조부모님이 떠올라 마음 한 켠이 늘 찡하다. 손자 된 마음으로 피곤에 절은 얼굴에 웃음을 덧칠해 본다.

집회는 순조롭게 흘러갔고 막바지에 다다르자 행진을 시작했다. 차량 통행로 중 한 차선을 통제하고 진행되는 행진이었기에 양옆으로는 차들이 빠르게 달렸다. 행여나 하는 마음에 집회에 참석한 어르신께 정중히 말했다.

"선생님, 지금 옆으로 차가 달립니다. 조심히 안쪽으로 들어오셔서 행진하십시오."

"네가 뭔데 이래라 저래라야."

좋은 의도와는 달리 돌아오는 반응은 차가웠다. 늘 있던 일이라 다시 웃는 얼굴로 말했다.

"어르신, 행진하시는 건 좋은데 신고 된 차로로 이동하셔야 해요. 옆에 지나가는 차들 보세요. 얼마나 빨리 달려요. 위험하잖아요."

"내가 내 발로 걷겠다는데 왜 지랄이야. 그리고 너 지금 웃어? 씨x, 지금 웃어?"

"어르신, 제가 어르신한테 인상을 쓸 순 없지 않습니까. 안전하게 행진하세요."

"아이고 씨x. 이제 어린 것들도 나한테 지랄이다 지랄이야. 내가 락스를 들고 왔어야 하는데, 웃는 저 새끼 얼굴에 락스를 한 통 부어야 하는데, 내가 바빠서 락스를 못 들고 왔네."

그러자 옆에 서 있던 팀장이 단호한 목소리로 말했다.

"경찰관에게 함부로 말씀하지 마시고 행진하세요. 밖으로 나가지 말고 앞으로 가세요."

연륜에서 묻어나는 분위기와 카리스마에 압도된 노인은 별말 없이 지시에 따랐다.

그렇게 집회는 마무리됐고 팀장은 내 어깨를 토닥여 주었다. 속으로 '아무렇지 않다, 아무 일도 아니다'라고 주문하듯 되뇌었지만 이유 없이 욕받이가 되니 기분이 좋을 리가 없었다.

점심을 먹으며 머리를 식히려는 계획은 틀어졌다. 집회 현장은 늘 예상치 못한 돌발 상황이 존재했고, 다른 관할지에서 진행된 집회에 문제가 생겨 긴급 지원 요청이 들어왔다. 마음을 진정시키기도 전, 또 다른 집회에서 또 다른 참가자들과 뒤엉키며 오후를 보냈다.

집회는 신고 된 시간을 지나서도 끝나지 않았다. 한동안 상황을 지켜보며 집회가 소강상태에 접어들자 인원을 나누어 돌아가며 점심을 먹었다. 점심인지 저녁인지 알 길 없이 골목 한 귀퉁이에서 쭈그려 앉아 도시락을 먹었다. 그마저도 마음 편히 먹을 수 없었다. 언제 현장으로 불려 나갈지 알 수 없는 긴박함 속에서 식사를 한다기보다는 음식을 구겨 넣는다는 표현이 더 적합했다.

그렇게 녹록지 않은 일과를 끝내고 추위와 피곤함으로 축 처진 어깨를 간신히 들어 퇴근길에 올랐다. 이런 날이면 좀비가 따로 없다. 몸뚱이를 겨우 끌고 집 앞까지 왔다. 그날따라 스타벅스 매장이 유난히 눈에 띄었다. 따뜻한 아메리카노 한 잔이면 하루의 피곤함과 설움이 씻겨 나갈 것 같았다.

호기롭게 들어선 매장 출입문 앞, 문득 발길이 멈춰 섰다. 커피 한잔에 4,100원을 쓰는 게 과연 맞을까? 새벽같이 일어나 갖은 수모를 겪으며 버는 월급인데, 힘들게 번 돈을 이렇게 쉽게 써도 되는 걸까? 머릿속에서 고민은 꼬리에 꼬리를 물었다. 물론 순경이라 하더라도 커피 한잔 마실 월급은 충분히 받는다. 문제는 힘들게 번 만큼 돈이 소중하고 아깝게 느껴졌다.

결국 집으로 발길을 돌리며 '언제쯤이면 마음의 가책 없이, 고민 없이, 먹고 싶을 때 마음 편히 커피를 사서 마실 수 있을까? 과연 나에게도 그런 날이 오기는 할까?' 생각했다.

그날 저녁 집에서 머그컵에 타 먹은 인스턴트 원두 커피는 유난히 썼고, 책상 위에 놓인 지갑은 종잇장처럼 얇아 보였다.

답을 몰라서
오늘도 책을 읽는다

책 속에 길이 있다?!

찌는 여름 아침, 오와 열을 맞춘 초등학교 조례가 시작된다. 학생들의 눈과 귀는 앞의 단상을 한참 비켜나 있다. 설교가 지루한 아이들은 발끝으로 흙장난을 하며 시간을 때운다. 이제 끝나려나 싶으면 다시 이어지는 교장선생님의 말.

"마지막으로 한마디 하겠습니다. 책 속에 길이 있습니다. 책을 읽으세요."

흘려들었던 그때의 말을 서른이 된 지금 후배들에게 마르고 닳도록 한다. 학창시절 책은 들고 다니기도, 읽기도 힘든 물건이었다. 빼곡한 글자를 읽어 나가는 일이 생각보다 쉽지 않았고 자꾸만 졸음이 몰려와 이내 책을 베게삼아 자곤 했다.

　본격적인 수험생활이 시작되면서 책과의 인연은 더욱 멀어졌다. 고3에게 교과목 외의 책은 필요 없으니까. 난 책을 좀처럼 가까이하지 못했지만 인연이 없던 책은 어느덧 인생의 절실한 변곡점에 나에게 다가와 주었다. 내게 책은 기적이다.

내가 책을 읽는 이유

민원인에게 하루 종일 시달리다 보면 퇴근길 몸은 긴 그림자처럼 늘어진다. 저녁 7시, 3호선은 항상 만석이다. 어긋나게 밀집한 어깨 사이를 비집고 겨우 몸 하나 세울 공간에 나를 욱여넣었다. 사람들의 열기는 에어컨 바람마저 데울 정도로 센데다 담배 냄새와 찌든 땀 냄새가 절묘하게 섞여 콧속을 파고든다. 앞사람의 백팩은 공격적이고, 휴대전화 스피커 밖으로 새어 나오는 옆 아주머니의 가정사는 적나라하다. 지독한 객차 안에서 막 지상으로 나와 마주한 한강의 검붉은 노을이 찬란하게 빛났다.

　순간 왜 이러고 사나 싶었다. 술에 쩐 타인에게 욕을 듣는 것도 싫었고, 낮과 밤이 뒤바뀐 일상도 싫었다. 어디에나 있겠지만 아랫사람을 견제하고 그들의 꿈을 짓밟는 윗사람들이 미웠고, 매달 빠듯한 통장잔고가 쓸쓸함을 더했다.

　합격만 하면 끝인 줄 알았는데, 하나부터 열까지 난 누구보다

뒤에 선 자였고, 무엇이든 처음부터 시작해야 하는 입장이었다. 솔직히 현실이 불만족스러웠지만 털어놓을 수는 없었다. 어린놈이 건방 떠다는 핀잔을 듣는 것이 싫었고, 조직에 어울리지 못한다는 나쁜 이미지가 덧씌워질까 두려웠다.

갑갑한 현실에서 벗어나는 가장 좋은 방법은 돈을 많이 버는 것이다. 그런 생각으로 이리저리 검색을 했다. 검색창에는 '부자', '부자 되는 법'에서부터 '돈을 번다, 벌 수 있다'는 말들이 넘쳐 났다. 누구나 벌 수 있다니 나도 많은 돈을 벌 수 있겠다는 막연한 자신감이 생겼다.

내가 남들보다 잘하는 게 한 가지 있다. 바로 '행동'이다. 생각이 생각 속에 머물면 그건 생각이 아니다. 생각은 행동으로 옮겨질 때 비로소 의미를 지닌다. 물론 이런 생각을 당시에 했던 것은 아니나 어찌됐든 뭐든 한다면 하는 성격이었기에 생각을 행동으로 실천해 나가는 데 큰 어려움은 없었고, 얼마 지나지 않아 그들이 말하는 부를 축적하는 길에 들어서게 됐다.

인생의 멘토를 만나기란 쉽지 않다. 그러나 책을 만나기는 너무 쉽다. 책을 읽고 읽지 않고는 당신의 자유지만, 무언가 얻고자 한다면 당신에겐 달리 선택의 여지가 없다. 책을 읽을지 말지 고민하는 게 아니라, 어디서부터 어떻게 읽을지를 고민하는 게 맞다. 책은 반드시 읽어야 하는 대상이니까 말이다.

Part II.

사회초년생,
다시 경제를
공부할 때

삶의 판도를 바꿀 책,
어떻게 읽을 것인가

시작은 경제부터

월급 이외의 추가 소득이 있는가? 일을 하지 않아도 돈을 벌어다 주는 파이프라인이 있는지 말이다. 갓 20대를 벗어났거나 20대를 살아가고 있는 90년대 생이라면 아직 월급 이외의 소득을 바라는 건 어려울지도 모른다. 매월 들어오는 월급은 일주일이 채 지나기 전에 카드 값이며 각종 공과금으로 사라진다. 그러면 다시 돈을 벌기 위해 일하고, 한 달 동안 매일매일 빚은 다시 쌓인다.

끝없이 돌을 산 위로 굴려 올리는 형벌을 받은 시지프스의 저주가 우리 삶과 소름끼치도록 닮아 있다. 서른이 되고서야 알았다. 무조건 아낀다고 해서 돈을 모을 수 있는 게 아니라는 사실을. 우리 삶은 예기치 못한 일들로 넘쳐난다. 삶은 계획대로 살아지지 않는다. 그렇다면 당신이 해야 할 일은 계획대로 사는 삶 외에 자기만의 독자적인 트랙을 가져야 한다.

그 트랙이란 무엇일까? 돈? 아니다. 부동산? 아니다. 그렇다면? 경제다. 조직의 길, 세상의 길에 종속된 당신이 아니라, 당신만의 길을 내기 위해서 가장 먼저 알아야 할 것은 경제다. 경제를 이해하지 못하면 시간과 돈으로부터 자유로운 삶을 꿈꾼다는 건 불가능하다.

'돈이 있어야 투자를 하지'란 푸념은 전혀 도움이 되지 않는다. 주머니 쌈짓돈도 돈이다. 최소한의 투자라도 알고 시작하는 순간, 당신의 삶은 풍요로운 길로 들어서게 된다.

경제는 책으로 시작하는 게 가장 좋다. 직장이라는 구속을 벗어날 수 없기에 당신에게 주어진 환경 안에서 경제를 공부해야 한다. 가장 효율적이고 확실한 방법은 오직 책이다.

그렇다면 '경제'란 무엇인가? 인간의 생활에 필요한 재화나 용역을 생산·분배·소비하는 모든 활동 또는 그것을 통해 이루어지는 사회적 관계를 뜻한다. 더 쉽게 말하자면 재화는 물건, 용역은 서비스로 생각하면 된다. 즉, 회사에 출근해서 물건과 서비스를 생산하고 그에 대한 대가로 매달 일정한 월급을 받는다. 그 월급으로 물건과 서비스를 구매하는 우리의 일상을 이해하는 학문이 경제다. 현대인에게 경제를 이해한다는 것은 삶을 가장 현실적이고 구체적으로 알아 간다는 뜻이다.

경제라고 해서 부담을 가질 필요는 없다. 거시경제, 미시경제 따위는 잊어 버려라. 먼저 재테크부터가 시작이다. 매달 돈은 들어오는데 통장 잔고는 왜 쌓이지 않는지 당장 자신의 소비 습관을 체크해 보고, 무의식적으로 쓰거나 흘려버린 비용이 어떤 것인지 파악해 본다. 그런 후에 지금까지 이렇게 새는 구멍이 많았음에도 불구하고 알아채지 못한 자신을 먼저 반성해야 한다.

문제를 구체적으로 파악하는 데 있어 매달 지출을 확인하는 것 이상의 공부는 없다. 돈을 쓰는 자신의 습관과 지출의 이유를 파악하는 것은 대단히 중요한 출발이다.

퇴근길 서점에 들러 가계부부터 장만하자. 스마트폰으로도 얼마든지 가계부 프로그램을 내려받을 수 있지만, 직접 손으로 기록하는 것과는 차이가 있다. 편리를 따지기보다 가계부 작성이 부를 일으키는 출발점이라 생각하고 진중하게 펜을 들어 하루하루의 지출을 기록해 나간다. 분명 일주일만 지속해도 당신의 돈이 어디로 어떻게 새고 있는지, 그 돈이 의외로 얼마나 큰지, 왜 쓸데없이 썼는지 알게 될 것이다. 먼저 자신의 현금 흐름을 명확히 아는 게 중요하다.

재테크 서적을 통해 수입과 지출의 흐름을 살펴봤다면 한 가지 깨달았을 것이다. 이대로 현상 유지는 가능해도 모으기란 대단히 어렵다는 사실을 말이다. 물가상승률은 언제나 은행 금리보다 높고, 임금상승률은 이를 따라가지 못한다. 무엇보다 가장 큰 문제는 월급을 성실히 모으는 90년대 생들을 비웃기라도 하듯 무섭게 치솟는 부동산 가격이다.

아무런 배경 없이 혼자의 몸으로 살아가야 할 나, 그리고 당신. 가정을 꾸리고 아이를 가지고 싶지만, 현실의 벽은 높기만 하다.

왜 우리는 열심히 벌어도 모으지 못하는 삶의 굴레에서 허덕이는가? 나로부터 출발한 돈의 탐구는 자연히 밖으로 시선이 옮겨 가게 된다. 다른 사람이 어떻게 살아가는지 궁금한 건 당연한 이치니까. 돈으로 얽혀 있는 사회를 알기 위해서는 자본주의라는 시스템을 들여다봐야 한다. 장담하건데 당신이 알아야 할 모든 이야기는 책에 있다. 이 얼마나 다행스런 일인가. 많은 돈이 필요하지도 않다. 책을 구매하는 게 부담스럽다면 도서관에 가서 알고 싶은 내용을 찾아 읽으면 된다.

2020년 현재 서울의 중위 아파트 가격은 9억 원을 넘었다. 300만 원을 받는 월급쟁이가 167만 원씩 일 년을 꼬박 저축하면 2천만 원이다. 10년이면 2억이고, 50년이면 10억이다. 산술적으로 계산한다면 50년을 꼬박 모아야 서울에서 평균 가격의 아파트를 구입할 수 있다. 시간이 지날수록 물가는 상승하고 서울 아파트 중위 가격은 물가와 연동해 다시 치솟는다. 월급만으로는 절대 이 간극을 줄일 수 없다. 자본주의 사회에서 부를 어떻게 쌓아 가는지 그 메커니즘을 이해해야 하는 이유다.

코로나19 이후 우리는 한 번도 살아본 적 없는 세상에 살고 있다. 나라마다 국경을 걸어 잠갔고 글로벌 경제는 동시에 내려앉았다. 재무구조가 열악한 기업들은 존폐의 기로에 섰고, 그곳에서 일하는 사람들은 일자리를 잃을까 노심초사하고 있다.

2008년 글로벌 금융위기를 기억하는가? 미국 부동산 가격이 호황기인 시절, 은행은 부실등급의 사람들에게도 대출을 승인해 주었다. 부동산 가격이 계속 오를 거라고 생각했기에 이런 어처구니없는 대출을 남발했다. 실물경제와 괴리된 기술적인 금융 호황은 오래 가지 않았다. 끝없이 오를 줄만 알았던 부동산 가격이 떨어지기 시작하자 부실한 신용대출이 회수되지 않았고 당시 세계에서 4번째로 컸던 투자은행 리먼 브라더스가 파산했다.

2008년 금융위기 이후 미국은 경기 부양을 위해 대규모 양적 완화를 단행했다. 양적 완화는 각국의 중앙은행이 화폐를 발행해 시장에 유통시키는 것을 의미한다. 시장에 화폐가 많아진다면 어떤 일이 발생할까? 수요와 공급 법칙에 따라 늘어난 화폐의 가치는 자연스럽게 떨어진다. 경기 부양을 위해 시장에 유통된 막대한 자금은 실물자산의 가격을 끌어올려 자산가와 비자산가의 격차를 유례없이 키웠다.

결국 자본의 위기는 자본가들에게는 기회로 활용됐다. 자본주의를 이해해야 하는 이유는 성실하게 사는 것이야 말로 자본가들이 원하는 일이며, 그것은 부를 증식시키는 데 가장 불필요한 선입견이기 때문이다.

성실하지 말란 말이 아니다. 잘 생각해 보라. 자본가들은 원하는 시간에 원하는 곳에서 일하면서 매일 9시부터 18시까지 평생을 일해 만들어 놓은 노동자들의 생산 가치를 주식과 부동산을 통해 가볍게 증식시킨다. 그들은 성실할 필요가 없다. 그게 그들만의 방식이니까.

부는 언제나 소수에게 집중돼 왔고 앞으로도 그럴 것이다. 그러나 평범한 개인이라 할지라도 조금만 관심을 기울이면 지금보다는 훨씬 나은 길로 들어설 수 있다. 20대에 부동산을 소유하는 일은 어찌 보면 아무것도 아닐 수 있다. 부유한 집안이라면 자녀에게 수십억 대 아파트를 아무렇지 않게 선물로 줄 수도 있다. 하지만 대부분의 사람들과 나는 그런 부류가 아니다. 우리는 우리가 할 수 있는 최선의 목표를 세우는 것이 중요하고, 최선이라 함은 반드시 이룰 수 있는 범위 안에 있어야 한다.

우선 30대가 되기 전 1억과 수도권 아파트 한 채를 목표로 해 보자. 진짜 우리가 배워야 할 것들은 절대 학교에서 가르쳐 주지 않는다. 다시 말하지만 당신이 배워야 할 것은 책 속에 있다. 책을 통해 세상이 돌아가는 이치를 깨닫고 하루라도 일찍 자산을 가져야 한다.

점과 점이 모여 선이 되는 역사

1998년 IMF 외환위기, 2008년 세계 금융위기, 2020년 코로나19 팬데믹 선언. 굵직한 사건들은 시차를 두고 계속해서 발생해 왔다. 역사적 사건 속에는 원인과 이유가 존재한다.

이러한 사건들을 단순히 아는 것과 이해하는 것은 세상을 바라보는 시각의 차이를 만들어 낸다. IMF로 아시아 지역의 외환 유동성 위기가 있었고, 국가 부도 직전까지 갔으며 이때 '금 모으기 운동'을 하며 온 국민이 힘을 모았다는 정도를 아는 것만으로는 사건을 온전히 이해했다고 할 수 없다.

1998년의 외환위기를 통해 제대로 공부가 돼 있다면, 2008년 금융위기를 대하는 태도도 남달랐을 것이다. 부도 직전의 위기까지 갔어도 결국 시장은 회복했다. 공포심은 알지 못하는 데서 온다. 미래에 대한 예측은 할 수 없어도, 일어난 사건의 수습 과정은 예상해 볼 수 있다. 왜냐하면 이미 우리에겐 무수히 많은 선례가 있지 않은가.

공부하지 않으면 다음에 닥쳐오는 파도에 똑같은 방식으로 무너지는 어리석음을 반복할 것이다.

경쟁의 숫자는 치열하나 경쟁 자체는 치열하지 않다. 당신이 부동산이나 주식을 한다고 치자. 그중 제대로 공부하는 사람은 절반도 되지 않는다. 공부를 한다 하더라도 제대로 하는 사람은 그중 10~20% 남짓이다. 그렇다면 생각해 보자. 100:1의 경쟁률이라 하지만 그 안에서 벌어지는 치열한 경쟁은 10:1, 20:1에 불과하다. 책을 읽고 공부를 하는 것만으로 이미 하위 80%는 떨쳐 내고 시작하는 것이다.

자본주의의를 공부하다 이해가 깊어지면 자연히 거시적 경제에 눈을 뜨게 된다. 공부란 마구잡이로 하기보다 하나의 흐름을 잡고 이어 가야 한다. 통장 잔고에서 시작된 공부는 자본주의에 대한 이해를 거쳐 거시경제와 역사로 자연스럽게 이어진다.

정치, 종교, 철학, 그리고 사람

역사를 파고들어가 보면 일정한 흐름이 존재함을 알 수 있다. 인류의 역사는 힘의 역사라는 사실을 말이다. 권불십년 화무십일홍, '십 년 가는 권세 없고 열흘 붉은 꽃이 없다'는 말처럼 힘은 변화무쌍하다.

세계의 패권은 유럽에서 아시아로, 다시 유럽으로 이동하며 힘의 축은 그때마다 옮겨 다녔다. 유럽에서는 470년부터 1492년까지 약 천 년 동안 종교가 국가를 장악했다. 카사노에서 벌어진 굴욕적인 사건도 이때 벌어졌다. 카사노의 굴욕은 중세시대 교황과 대립각을 세웠던 신성로마제국 황제 하인리히 4세가 교황 그레고리우스 7세에게 무릎을 꿇었던 사건이다. 중세시대를 지나며 신학의 자리를 자연과학이 대신하면서 '신'에 대한 관심이 서서히 '인간'으로 이동했다. 중세시대는 철학보다는 종교가 우선됐으니 이성보다는 교리에 따라 판단하고 결정하는 것이 보편적이던 시대였다.

중세시대가 끝나고 신에게서 독립한 인간은 자신의 존재를 돌아보기 시작하며 이때부터 철학이 발전해 나갔다. 철학이 개인적 차원의 세계관이라면 정치는 사회 전체를 이끌어 가기 위한 거대 담론이다. 역사를 알아 가다 보면 자연히 종교, 철학을 빼놓을 수 없으며 결국 인간의 실존과 결부된 정치의 영역에 발을 들이게 된다.

다시 역사로 돌아와 보자. 역사적인 순간에는 반드시 결정적인 인물이 존재한다. 임진왜란에는 이순신 장군이 등장해 나라를 구했고, 세계 2차대전에서는 히틀러라는 독재자가 나타나 세계를 절망으로 이끌었다. 역사는 우리에게 시대를 대표하는 인물을 통해 그 사회의 상징을 해석하도록 한다.

책에 대한 이야기를 마무리하자면, 마지막은 문학이다. 사람을 이해하는 데 문학보다 좋은 것은 없다. 우리는 남의 인생을 살아 볼 수 없다. 직업이 경찰인 사람은 소방관의 인생을 알 수 없고, 의사의 인생을 알 수 없다. 하지만 문학을 통한다면 얼마든지 타인의 인생을 엿볼 수 있다. 소설을 읽으며 주인공의 삶으로 들어가 보자. 우리가 미처 경험해 보지 못한 직업과 상황을 체험함으로써 타인의 삶을 이해할 수 있다.

책을 처음 읽는 단계에서는 무엇부터 읽을지 막막하다. 어디서부터 시작해야 좋을지 중심을 잡지 못한다. 결론은 독서의 시작은 경제에서부터다. 흥미를 돋우기 위해서는 자기 삶과 연관돼야 한다. 그리고 당장 변화가 일어날 수 있어야 한다. 오늘 직장인을 위한 재테크 서적 한두 권을 사 보자. 그 속에는 통장 쪼개기, CMA 통장 개설하기, 보험 해지하기, 청약통장 가입하기, 월급 관리하기에 이르기까지 소소한 팁들이 가득하다.

읽고 느낀 바가 있다면 바로 실천해 보자. 변화가 보일 때 지속이 가능하다. 새는 돈을 막고 다음 달 저축액을 이달보다 10만 원이라도 늘려 보자. 돈을 발견하고 모으는 재미를 느껴 봐야 한다. 자본주의의 핵심은 자본을 가지는 것이다. 당신의 공부는 지적 유희가 아니라, 분명한 목적을 가져야만 한다. 바로 부의 축적이다.

다음으로 역사를 공부하며 미래를 준비하자. 역사적인 사건들을 단편적으로 이해하는 것에서 그치지 말고 역사의 인과관계를 정확하게 파악하자. 역사를 공부하며 정치와 철학, 종교에도 관심을 가지자. 역사는 결국 그 시대를 살아가는 사람의 기록이다. 훌륭한 문학을 읽으며 삶과 사람에 대해 관심을 갖고 간접 경험을 쌓자. 이렇듯 불만족스러운 경제 상황을 벗어나기 위해 시작한 독서는 경제, 역사, 정치, 종교, 철학을 거쳐 인간으로 돌아온다. 폭넓은 독서를 통해 우리는 사회를 이해하고, 과거의 사건들로부터 지혜를 얻을 것이며, 종교와 철학을 통해 내적 자아를 단련시키고, 종국에는 주변인들에게 따뜻한 관심과 사랑을 나누는 여유를 갖게 된다.

행복한 인생이란 무엇이라고 생각하는가? 나는 삶의 탄탄한 토대를 만들고 같이 살아가는 주변인들에게 사랑과 관심을 베풀수 있는 여유를 갖는 것이라고 생각한다. 돈 몇 푼 벌고자 독서와 재테크를 하자는 게 아니다. 사회를 이해하고 부를 축적하는 원리를 이해할 때 구체적이고 현실적인 희망이 세워진다고 믿는다.

투자를 시작하기 전
해야 할 일

우선 책 100권부터

대한민국에서 월급쟁이로 살고 있다면 자산을 불릴 욕심을 내야 한다. 공무원이 일반 직장에 비해 고용이 안정됐다곤 하지만, 공무원에게도 정년은 있고 나이가 들수록 자리에 비례한 책임의 강도 또한 커진다.

그렇다면 어떤 자산을 구축해야 할까? 책을 통해 재테크를 처음 접할 무렵 주식과 부동산 사이에서 투자를 고민했다. 먼저 주식을 생각했다. 저평가 된 기업에 투자하고 장기 보유하는 '가치투자'. 좋은 투자 방법이다. 보유 기간에 비례해 자산이 늘어나는 복리의 마법. 근사한 이론이고, 실제 가치투자를 통해 엄청난 부를 축적한 주식 전문가들이 있다. 그러나 아무리 가치투자가 매력적이어도 손 안에 천만 원도 되지 않는 자산으로 25% 수익을 낸다고 한들 기껏해야 250만 원이다. 초보 투자자에게 25%라는 수익률은 비현실적일 뿐만 아니라 수익을 실현하다 해도 부자가 되기에는 턱없이 부족한 금액이다.

재테크 서적을 두루 섭렵하던 중 전세 레버리지 투자법을 알게 됐다. 전세 레버리지 투자란, 아파트를 구매할 때 기존 세입자의 전세금을 활용해 투자금을 최소화하는 투자법이다. 매매가 1억 원에 전세가율이 70%인 아파트를 매수하기 위해서는 매매가에서 전세가를 뺀 3,000만 원의 투자금만 있으면 된다. 이 투자법의 장점은 적은 투자금으로 막대한 수익을 올릴 수 있다는 것이다. 주택 경기 활성화에 따라 1억 원에 매수한 아파트 시세가 3,000만 원 상승한다면 매매가 대비 수익률은 30%다. 하지만 전세를 활용했기 때문에 실제 투자금 3,000만 원 대비 수익률을 계산해 보면 무려 100%다. 100%! 부동산 공부를 부지런히 하다 보면 세계 최고의 주식 투자자보다 높은 수익률을 얻을 수 있다는 결론에 도달한다.

처음 레버리지 투자법을 알게 됐을 때, 온몸에 전율이 흘렀다. 쳇바퀴 돌듯 이어지는 월급쟁이 생활을 벗어날 수 있는 한 줄기 빛을 본 기분이었다. 월 200만 원 정도의 박봉인 공무원에게 서울 아파트는 잡히지 않는 사막의 신기루 같은 존재다. 이전에는 막연히 '어떻게 되겠지, 이렇게 아파트가 많은데 어느 정도 나이가 들면 이중 하나에 살고 있겠지'라는 희망은 시간이 지날수록 무거운 불안감으로 변해 갔다.

'서른 중반에도 좁은 5평 오피스텔에서 살게 되면 어떡하지? 아내와 아이가 생기면 넓은 집으로 이사를 가야 할 텐데.'

잠이 들지 않는 밤이면 늘 반복되는 고민이었다. 레버리지 투자를 알게 된 후 마음이 급해졌다. 어서 빨리 아파트를 사고 싶었다.

'투자해야 한다는 사실은 알겠는데 그렇다면 어디를 사야 하지? 그냥 남들이 투자하는 곳을 따라 매수하면 될까? 전세가와 매매가 차이가 최대한 적은 단지를 사면 되는 건가?'

무작정 투자하고 싶은 마음은 굴뚝같았지만 내가 내린 결론은 다시 '책'이었다.

'그래, 투자의 대상은 부동산으로 하자. 그리고 그중 가장 대중적인 '아파트'에 투자하자. 매수에 앞서 부동산 책 100권부터 읽어 보자.'

TV나 영화에서 등장하는 공무원은 나태와 권태 속에서 편하게 일하며 쉽게 돈을 버는 사람으로 묘사되곤 한다. 하지만 실상은 많이 달랐다. 살을 에는 칼바람이 부는 한겨울, 넓은 광화문 사거리에서 기약 없이 추위에 떨며 근무해야 했고, 1분만 서 있어도 숨이 턱턱 막히는 폭염 속에서 국회의사당을 등지며 무거운 장비를 착용한 채 시위자와 대치해야 했다. 매월 20일 들어오는 월급은 그런 노력에 비해 턱없이 적었다. 그렇게 힘들게 모은 월급을 투자 원칙과 정보도 없이 성급한 마음에 '묻지마 투자'를 하고 싶진 않았다. 소중한 월급을 잃지 않기 위해 마음을 가다듬고 다시 '책' 읽기에 매진했다.

하늘은
스스로 돕는 자를
'진짜' 돕는다

투자 멘토를 만나다

부동산 서적 100권을 읽고 투자하겠다는 일념으로 책에 몰두했다. 남녀노소를 불문하고 우리는 늘 부족한 시간 속에 살아간다. 자투리 시간으로 여러 책을 읽기 위해서는 업무 외에는 무조건 책을 들어야 했다.

선배들은 그런 나를 보며 책이 그렇게 재미있냐며, 이렇게 악착같이 책을 보는 사람은 처음이라며 호기심 가득한 눈으로 쳐다보곤 했다. 나라고 책을 읽는 게 좋기만 했을까. 어려운 경제 용어가 가득한 책보다는 음악이나 영화가 좋았다. 마음을 다잡지 않으면 언제든 엇길로 샐 수 있었다.

책에 흥미가 떨어질 때면 노래를 크게 틀어 놓고 잠시 마음을 다잡았다.

'한 권만, 한 권만 더 읽어 보자. 읽는 만큼 보인다. 보이는 만큼 성장할 테니 조금만 더 참자.'

멀리 가기 위해서는 책을 늘 가까이 하는 게 좋고, 그 길을 하루라도 빨리 가기 위해서는 좋은 사람을 만나는 것 만한 게 없다. 운이란 그저 오는 게 아닌가 보다. 무언가를 바라고 구하면 꼭 필요한 사람이 나타난다. 그날도 어김없이 점심시간을 쪼개서 책을 읽고 있었다. 옆 팀에서 근무하던 선배가 불쑥 말을 걸었다.

"무슨 책을 그렇게 열심히 봐? 책을 좋아하니?"

"좋아하고자 노력하고 있습니다. 최근에는 부동산 책을 관심 있게 보고 있어요."

"아 그렇구나. 그렇다면 책 한 권 추천해 주마. 그 책을 다 읽고 나면 '○○○' 읽어 봐."

멘토와의 첫 만남은 책으로부터 시작됐다. 선배가 추천한 책은 그 저자의 다른 책까지 사서 읽을 만큼 훌륭했다. 그 전에는 무조건 읽고 보자는 생각에 좋은 책, 나쁜 책을 선별해서 읽을 여유가 없었다. 양서를 추천받아 읽게 되니 책에 대한 흥미와 열정도 되살아났다. 그 이후에도 선배는 투자 필독서를 내 수준에 맞춰 차례로 소개해 주었다. 그 책들을 차례로 읽어 나가니 시골길을 달리다 고속도로를 올라탄 기분이었다. 수년에 걸쳐 쌓아온

고수의 내공을 단기간에 전수받는 느낌이었다. 시간이 한참 흐른 후 멘토인 선배에게 물었다.

"왜 저에게 책을 추천해 주셨습니까?"

"한창 놀기 바쁠 나이인데 유달리 책을 가까이하는 모습이 기특해서."

책을 읽음으로써 많은 것이 변화됐다. 투자에 관한 지식은 물론 서른에 목표한 결과를 얻었다. 삶의 기반을 스스로 만들어 가면서 불안하고 흔들렸던 내 마음도 차츰 안정을 찾아갔다. 투자의 길을 걷는 과정에서 의지할 수 있는 든든한 멘토도 얻었다. 스스로 나를 돕고자 하니 예기치 않게 소중한 인연도 생겼다.

투자자의 삶

책에는 투자 성공 사례가 가득하다. 월급쟁이 삶에서 벗어나고자 회사를 나와 월 천만 원의 현금 흐름을 만들었다거나, 평범한 주부가 대출을 활용해 아파트 30채의 주인이 됐다는 등 책만 보면 대한민국 모든 사람이 부자가 아니라는 사실이 신기할 정도이다. 그만큼 현실과 책 사이의 괴리감은 컸다. 그러나 사무실 바로 옆자리에서 우연히 성공한 투자자를 만난다면 생각은 달라진다. 허황된 미래가 현실적으로 다가온다. 멘토는 '투자는 현실이며 어떻게 하느냐에 따라 실현 가능하다는 것'을 깨우쳐 줬다. 그의 삶은 일반 직장인과 다소 달랐다. 선배는 맞벌이를 했는데 아내의 월급은 저축하고, 본인의 월급은 온전히 가족을 위해 사용한다고 했다. 경제적 풍요로움에서 오는 여유는 그분의 표정과 마음가짐, 행동에서 은은히 묻어났다.

중년으로 접어든 40대 공무원의 얼굴을 떠올려 보자. 공무원을 흔히 '철밥통'이라고 한다. 정년 보장은 시간이 지날수록 사람을 권태로 빠지게 한다. 빠듯한 월급으로 가정을 이끌어 가다 보니 자신을 돌볼 여유가 부족하다. 잦은 회식으로 아랫배는 볼록해지고 세월의 흐름으로 인해 머리숱은 줄어 간다. 자기 관리를 하기보다는 흘러가는 대로 살아간다는 표현이 더 적당하다. 부하 직원의 실수를 다독여 주기보다는 짜증 섞인 화를 내기 십상이고, 회사의 비전보다는 눈앞에 보이는 본인의 안위를 중요시한다. 자기 주머니에서 나오는 돈 한 푼은 아깝기 그지없고 후배들이 사주는 차 한 잔은 꿀보다 달콤하다.

하지만 선배는 여러 면에서 달랐다. 안정적인 수입을 바탕으로 투자에 관심을 가졌고, 시간이 있을 때마다 책을 읽었다. 선한 부자가 되어야 한다며 베푸는 삶의 중요성을 강조했고, 늘 인자하고 여유로운 표정으로 후배들의 어려움을 도왔다. 그런 선배를 옆에서 지켜보며 내가 가졌던 생각에 대해 확신을 얻었다.

'책을 읽으며 성장하자. 열심히 투자하며 조금씩 경제적 여유

를 얻자. 그 여유를 바탕으로 많은 이들에게 선한 영향력을 끼치
도록 노력하자.'

선배는 내가 그리던 삶을 살고 있는 분이었다.

일상이 된 부동산 공부

2월부터 시작된 '부동산 책 100권 읽기' 프로젝트는 그해 9월
80권에 이르며 끝을 향해 가고 있었다. 한 분야의 책을 다독하면
많은 것이 달라진다. 우선, 주변인들의 견해에 휘둘리지 않게 된
다. 아파트값이 지금은 너무 비싸기 때문에 폭락해야 한다는 폭
락론자에서부터 집값은 무조건 오른다는 근거 없는 상승론자까
지, 부동산 전문가가 아닌 사람이 없다. 한번은 폭락을 주장하는
사람에게 그 이유를 물어보았다. 정확한 수치나 데이터가 아닌
감정을 앞세워 월급은 얼마 오르지 않았는데 아파트 가격이 급
등했으니 이제 내려야 한다며 울분을 토했다. 이처럼 우리 주변
에는 부동산 전문가를 자처하는 수많은 앵무새가 있다.

신문이나 뉴스에 나오는 정보도 취사선택이 가능해진다. 책
을 읽기 전에는 언론은 언제나 옳다고 생각했다. 기사를 쓰기 위
해서는 참고자료가 필요한데 그 자료의 출처를 따라가 보면 대개
홍보를 목적으로 하는 건설사에서부터 특정 지역에서 부동산을
운영하며 거래량이 늘기를 기대하는 중개인까지 객관성과는 거

리가 먼 경우가 허다하다. 뉴스 기사의 특성상 미래를 예측하기 보다는 발생한 현상에 대한 해석을 보도하기 때문에 뉴스는 매력적인 투자 정보가 아니다. 책을 보기 전에는 이런 사실을 알지 못했다. 다독을 통해 어느덧 나만의 부동산 투자 관점이 생겼고 부동산 시장을 나만의 주관으로 해석할 수 있게 됐다. 더 이상 주변의 지인들이나 언론으로부터 흔들리지 않는다.

책을 꾸준히 읽다 보면 일련의 과정을 통해 자신만의 투자 관점이 생긴다. 먼저 거시적인 경제와 자본주의를 이해하게 된다. 경제적인 풍요를 위해서는 근로소득 이외의 자본소득이 필요하다는 사실을 깨닫게 된다.

자본주의 사회를 살아가는 자신의 삶에 대한 한계와 가능성을 이해하게 되면 투자를 어떻게 할 것인지 관심이 생긴다. 부동산을 저렴하게 사는 방법인 경매와 공매, 전세 레버리지와 같은 투자 원리를 탐독해서 알게 된다. 투자를 공부하는 사람이라면 보통 이 단계까지는 금방 접근한다.

본격적인 투자를 위해서는 투자할 대상과 그 대상이 위치한 지역을 선택해야 하는데 이 부분이 부동산 투자의 핵심이다. 부동산에는 토지, 상가, 다가구주택, 아파트 등 다양한 종류의 물건이 존재한다. 상가를 흔히들 '부동산 투자의 꽃'이라고 한다. 소유한 부동산에서 매달 꼬박꼬박 나오는 월세를 받는 사람을 우리는 '갓물주'라고 한다. '갓물주'는 신과 건물주를 결합한 단어로

건물을 가진 사람의 생활이 신과 같이 위대하고 편안할 것이라는 부러운 시선이 섞인 말이다. 그러나 상가 투자는 장점만큼이나 리스크가 있는 종목이다. 투자금도 적지 않을 뿐더러 공실에 대한 위험이 있고, 상권의 변화를 읽을 수 있는 예리한 안목도 필요하다.

초보 투자자로서 고정적인 월세라는 달콤함보다는 공실로 인한 손실이 더 두려웠기에 상가 투자는 제외했다. 대한민국에서 부동산을 떠올리면 가장 먼저 생각나는 건 바로 아파트다. 우리나라를 '아파트 공화국'이라고 할 정도로 많은 사람들이 아파트를 원한다. 아파트 투자의 가장 큰 장점은 보편적인 종목이라는 것과 투자에 실패할 경우 본인이 직접 거주하면 된다는 점이다. 자신이 살 공간 하나는 어떤 경우에도 있어야 하기 때문이다. 아파트에 투자하기로 결심했다면 물건이 위치할 입지를 선택해야 한다. 부동산을 공부한다는 건 곧, 입지를 공부하는 것이다. 책 읽기가 50권을 넘어설 무렵부터는 경제신문을 병행해서 읽었다. 책에서 나오는 이론은 어느 정도 섭렵했다는 생각이 들었다. 레버리지 투자도 알겠고, 부동산에서 아파트가 좋은 것도 알겠다. 아파트를 싸게 구입하는 경매와 공매도 이해했다. 이제 이론에서 벗어나 실물 아파트를 매수하고 싶었다. 하지만 어디에 위치한 아파트를 사야 할지 막막했다. 이 넓은 서울에서 또는 경기도에서 어디를 사야 한다는 말인가? 입지를 설명해 주는 부동산 서적도 몇 권 있었다. 저자가 눈여겨보는 지역과 그 지역의 호재를 소개하는 식의 구성이었는데 문제는 내가 책을 읽은 시점에는 이미 그 호재가 가격에 반영돼 있다는 점이었다.

부동산은 결국 입지다. 입지를 이해하기 위해 1기, 2기 신도시를 나누어 분석하고 있던 무렵이었다. 입지에 대한 공부를 시작하면서부터 멘토 선배와 만날 때면 지도를 펼쳐 놓고 서로 의견을 교환하기 바빴다. 이 지역에는 지하철 개통 호재가 있다느니, 이 지역에는 대기업이 공장을 확충할 계획이라느니, 사실 부동산 이야기를 터놓고 나눌 수 있는 상대가 있다는 사실만으로도 기뻤다.

한 번의 기회

인생에는 몇 차례 예상치 못한 기회가 찾아온다. 그리고 그 기회는 준비된 자만이 알아볼 수 있다. 80권의 책을 읽었을 즈음 나에게도 그런 기회가 찾아왔다. 토요일 저녁 8시, 카페에서 동네 친구와 커피를 마시며 한가한 주말을 만끽하던 중 멘토에게서 전화가 왔다.

"잠깐 통화할 수 있어?"

"예, 말씀하세요. 무슨 일 있으세요?"

"아니, 봐 뒀던 물건을 계약하러 왔는데 문제가 생겨 못하게 됐어. 아쉬운 마음에 전화했다. 몇 달 전 매수한 아파트의 중도금 대출 보증기관과 지금 보고 있는 아파트 중도금 보증기관이 동일 해서 추가 중도금 대출이 나오지 않는다고 하네. 기관별 보증금 한도가 있다는 걸 몰랐지 뭐야. 너무 좋은 물건인데, 마음이 적적 하구나."

"아, 선배님 너무 아쉽겠어요. 제가 도울 방법이 없을까요?"

"뾰족한 방법은 없어 보인다. 내가 매수하고자 했던 아파트는 김포시 ○○아파트 ○○○호란다. 너라도 이 아파트를 매수한다 면 아쉬움이 덜하겠다. 한번 검토해 보렴."

순간 여유로웠던 주말이 긴박하게 흘러갔다. 친구와의 자리 를 파하고 집으로 돌아와 검토를 시작했다. 멘토가 아닌 다른 누 구였다면 제안을 살펴보지 않았을 것이다. 사실 아무리 친한 사 이라도 지인이 잘되기를 바라기는 쉽지 않다.

부는 상대적인 것으로 남의 것이 커지면 나의 것이 작아지는 기 분이 들기 마련이다. 그런 사실을 알기에 선배에게 고마웠다. 신중 하게 투자하는 선배의 성격을 알기에 투자까지의 과정이 머릿속에 그려졌다. 실패하지 않는 투자를 위해 본인만의 기준을 통과한 보 석 같은 물건일 것이 분명했다. 결과적으로 말하자면 선배의 제안 이 있고 난 후 그 다음 주 주말에 추천해 준 단지의 아파트를 매수 했다.(어떤 투자 원칙과 기준으로 매수했는지는 다음 장에서 설명하겠다.)

26살, 생애 첫 아파트를 매수하게 된 것이다. 남들이 보기에 는 성급하기 그지없는 투자라고 폄하할 수 있다. 어떻게 직장 선배의 말을 믿고 아파트를 매수할 수 있냐고. 그것도 미분양의 무덤이라 불리는 김포에서 아파트를 살 생각을 했냐고. 어린 나이에 겁 없이 멍청한 짓을 했다고 많은 사람들이 속으로 손가락질했을지도 모른다. 얼마의 수익을 올리게 될지 모르지만 최소한 실패하지 않는 투자일 거라고 확신했다. 믿었던 선배의 제안 때문이 아니다. '책 100권 읽기' 프로젝트를 성실히 이행하며 나만의 투자 원칙과 기준이 생겼던 터였다. 나의 첫 투자는 그렇게 부동산 책 80권 언저리에서 시작됐다.

부동산 공부를 위한 책 리스트 50선

투자를 위해 열심히 책을 보던 시절 멘토의 내공이 담긴 도서 추천은 흉년에 내리는 단비처럼 달콤했다. 멘토가 나에게 그랬듯이 책을 통해 공부를 시작하는 90년대 생들에게 보석 같은 도서 리스트를 소개하고자 한다.

1 투자 마인드, 경제관념 10선

도서명	저자	출판사명
부자아빠 가난한 아빠	로버트 기요사키	민음인
보도 섀퍼의 돈	보도 섀퍼	에포케
부의 추월차선	엠제이 드마코	토트
자본주의	EBS 프라임	EBS 자본주의 제작팀
돈의 속성	김승호	스노우폭스북스
부자의 언어	존 소포릭	윌북
세이노의 가르침	세이노	(정식출판X)
파이어족이 온다	스콧 리킨스	지식노마드
백만장자 불변의 법칙	토머스 J. 스탠리	리드리드출판
레버리지	롭 무어	다산북스

2 부동산 투자 입문: 20선

도서명	저자	출판사명
책으로 시작하는 부동산 공부	레비앙	더스
나는 오늘도 경제적 자유를 꿈꾼다	청울림	알에치코리아
아기곰의 재테크 불변의 법칙	아기곰	아라크네
나는 부동산과 맞벌이 한다	너바나	알키(절판)
월급쟁이 부자로 은퇴하라	너나위	알에치코리아
대한민국 부동산 대전망	이상우	원앤원북스
대한민국 부동산 투자	김학렬(빠숑)	알에치코리아
대한민국 부동산 사용설명서	김학렬(빠숑)	에프엔미디어
10년 동안 적금밖에 모르던 39세 김과장은 어떻게 부동산 천재가 됐을까?	김재수(렘군)	비즈니스북스

도서명	저자	출판사명
노후를 위해 집을 이용하라	백원기	알키
HELLO 부동산, BRAVO! 멋진 인생	김영록	지혜로
앞으로 10년, 대한민국 부동산	김장섭(조던)	트러스트북스
강남에 집 사고 싶어요	오스틀로이드	진서원
부동산 기사 그래서 어떻게 봐야 할까요?	제네시스박	원앤원북스
오윤섭의 부동산 가치투자	오윤섭	원앤원북스
아들셋 엄마의 돈 되는 독서	김유라	차이정원
부동산 투자 이렇게 쉬웠어?	신현강(부룡)	지혜로
한국인의 부동산 심리	박원갑	알에이치코리아
부동산 상식사전	백영록	길벗
쏘쿨의 수도권 꼬마 아파트 천기누설	쏘쿨	국일증권경제연구소

3 부동산 투자 실전: 입지 10선

도서명	저자	출판사명
1, 2기 신도시 아파트 투자지도	이영삼, 김기홍	한국경제신문i
수도권 알짜 답사기	김학렬(빠숑)	지혜로
서울 부동산의 미래	김학렬(빠숑)	알에이치코리아
부자의 지도	김학렬(빠숑)	베리북
교통망도 모르면서 부동산 투자를 한다고?	IGO빡시다	잇콘
돈되는 개발호재 핵심정리	IGO빡시다	잇콘
대한민국 아파트 부의 지도	이상우	한빛비즈

도서명	저자	출판사명
2020 인천 부동산이 기회다	엘디	헤리티지
경기도 부동산 투자지도	엘디	헤리티지
10년 후, 이곳은 제2의 강남이 된다	이승훈	한스미디어

4 부동산 투자 실전: 재건축·재개발 5선

도서명	저자	출판사명
앞으로 3년, 재건축에 돈을 묻어라	김선철	원앤원북스
돈되는 재건축 재개발 1,2	열정이넘쳐	잇콘
붇옹산의 재개발 스터디	강영훈	구루핀
앞으로 30년, 잘사는 대한민국 도시재생사업	김종선, 서영철	팬덤북스

5 부동산 투자 실전: 청약, 세금, 경매 5선

도서명	저자	출판사명
대한민국 청약지도	정지영	다산북스
투에이스의 부동산 절세의 기술	투에이스	지혜로
부동산 절세 상식사전	유종오	길벗
송사무장의 부동산 경매의 기술	송희창	지혜로
싱글맘 부동산 경매로 홀로서기	이선미	지혜로

26살,
나는 이렇게 투자했다

개미의 투자 원칙

실패하지 않는 투자를 위해서는 원칙이 있어야 한다. 본인만의
투자 원칙을 세우는 가장 확실한 방법은 관련 분야의 책을 탐독
하는 것이다. 저자는 한 권의 책을 쓰기 위해서 수십, 수백 권의
책을 참고한다.

　우선은 양적 독서를 하자. 여러 책을 읽어야 하는 이유는 저
자의 시각을 비교할 수 있기 때문이다. 분산된 견해들을 살피다
보면 어느 저자나 동의하는 거시적 방향을 포착할 수 있다. 혹시
이 책을 읽고 있는 독자 중에 투자를 고민하는 사회초년생이 있
다면 다음의 투자 원칙은 확실한 도움이 될 것이다.

투자 원칙 1. 대단지 브랜드 아파트

브랜드가 전부인 시대다. 차와 집은 브랜드로 표상된다. 어느 아파트에 사는가가 그 사람의 위치를 결정하는 바로미터가 된다는 점에서 이견이 없으리라 생각한다. 유치원생들 사이에서 '휴먼거지'와 '임대충'이라는 말이 돈다는 얘길 들은 적이 있다.

'임대충'이란 임대아파트에 사는 이들을 비하하는 말이고, '휴먼거지'란 상대적으로 저렴하게 공급하는 공공아파트인 '휴먼시아'에 거주하는 이들을 낮잡아 부르는 말이다.

인간의 욕망 가운데 안정된 주거야말로 최상위의 욕망이니 가방 하나도 브랜드를 따지는 시대에 브랜드 아파트를 선망하는 것은 당연하다. 보통 1,000세대 이상이면 대단지 아파트라고 하는데 대단지와 브랜드 아파트의 이미지가 결합되면 상품성은 급격하게 높아진다.

건설사는 대단지라는 규모의 경제를 활용해 단지 내 특화시설과 조경을 구축해서 거주자가 살고 싶고, 사고 싶은 요건을 충족시킨다. 당시 선배에게 추천받은 물건은 대우건설의 1군 브랜드인 푸르지오였고, 1,600세대를 넘는 대단지 아파트였다.

투자 원칙 2. 역세권 또는 역세권이 될 곳

2006년 강남, 서초, 송파, 목동, 분당, 용인, 평촌 7개 지역은 집값이 단기간에 큰 폭으로 상승해 '버블(bubble, 거품) 세븐'으로 지목됐다. 2020년 현재로 돌아와 버블 세븐 지역을 재평가해 보자. 강남, 서초, 송파, 목동, 분당은 금방 제자리를 찾았고, 16년부터 시작된 상승장에서 다시 한 번 가파른 상승세를 보였다. 현재까지 전고점을 회복하지 못한 지역은 경기도 용인의 일부 대형평수가 그렇다.

명품 브랜드와 화려한 특화시설을 내세우며 분양했던 그곳은 부동산 경기 하락과 함께 거품이 빠지기 시작했다. 설상가상 지하철이 지나지 않는 지역의 하락 폭은 걷잡을 수 없이 컸다.

이러한 경험을 통해 수도권에 투자한다면 반드시 지하철 역세권에 투자하겠다는 원칙을 세웠다. 서울에서도 일자리가 많은 종로, 여의도, 강남까지 지하철로 이동할 수 있다면 분명히 유효수요가 있다. 젊은 세대는 지하철에 대한 수요가 특히 강하다. 그들의 얇은 지갑 사정을 고려해 본다면 서울 근교의 지하철 역세권은 사회초년생과 신혼부부가 선호하는 보금자리가 되리라 생각했다.

누구나 역세권을 선호하지만 역세권은 생활 편의성이 뛰어난 반면 가격이 비싸다. 합리적인 투자는 공사 단계에 진입해 역이 개통된 후 상승분을 누리는 것이다. 당시 김포에는 2년 후 2량의 경전철이 개통될 예정이었다. 주변의 시선은 차가웠다. 2량 경전철이 무슨 지하철이냐며 아무도 이용하지 않을 거라고 부정적인 의견이 많았다. 내 생각은 달랐다. 2량이든, 5량이든 지하철이 없는 동네에 대중교통의 옵션이 추가되는 것은 무조건 호재라고 판단했다. 경전철이 개통될 경우 해당 아파트는 도보로 8분이면 역사를 이용할 수 있었다. 그렇다. 역세권이 될 입지였다.

투자 원칙 3. 호재가 있는 곳

모든 아파트의 가격이 상승할까? 실상은 그렇지 못하다. 뚜렷한 개발 호재가 없는 지방 아파트의 경우 10년 전과 현재의 가격이 대동소이하다. 아파트 가격 상승은 지역 발전과 동행한다.

가격 상승을 견인하는 호재 중 제일은 교통개발 호재다. 서울시 강서구를 예로 들어보자. 강서 지역은 9호선이 개통되기 전 강남으로의 출퇴근은 요원하기만 했다. 5호선이 있기는 했으나 강남으로 직결되는 노선이 아니었다. 서울 집값은 강남과의 접근성으로 판단된다. 9호선이 완공된 이후 강서에서 강남까지의 시간적 거리는 급격하게 단축돼 급행열차를 이용할 경우 김포공항에서 신논현까지 40분이 채 걸리지 않는다. 이는 곧 강남까지의 출퇴근이 가능하다는 의미이다. 9호선 개통 이후 강서 집값은 가파른 상승세를 이어 갔다.

또 다른 호재로는 일자리의 확충이다. 강서구 끝자락에 위치한 마곡은 지구단위의 대대적 개발을 통해 상전벽해를 이루었다. LG, 롯데, 코오롱 등 국내 유수의 대기업이 입주하면서 위상이 크게 달라졌는데 고소득 일자리는 일대 아파트값을 견인한다. 대기업에 근무하는 연령대는 주로 30~40대다. 이들은 높은 소득을 바탕으로 충분한 주택 구매력을 가지고 있고 특히 삶의 질과 직결되는 직주 근접을 중요시한다. 마곡지구에는 SH에서 엠벨리(M-VALLEY)라는 브랜드로 대규모 주거단지를 공급했는데 임대와 분양 아파트를 적절하게 섞어 놓은 '소셜믹스'라는 특징을 가지고 있다. 분양 초기에는 일부 물량이 미분양되기도 했다. 논밭을 개발한 이 자리에 이 가격이 말이 되느냐는 논쟁과 임대 반, 분양 반 아파트에 누가 살고 싶겠냐는 부정적인 여론이 팽배했다. 대기업 입주가 속속 진행되고 있는 현재 마곡지구는 분양가 대비 2배 이상의 가격으로 시세를 형성하고 있다. 양질의 일자리가 늘어나는 것은 그 어떤 호재보다 아파트 가격 상승에 큰 영향을 미친다.

정부에서는 서울 집값을 안정화하고 주택난을 해결하기 위해 서울 근교에 대규모 주거시설을 공급하는 신도시 개발 정책을 펼쳤다. 노태우 정부 때 공급한 1기 신도시는 경기도 성남시의 분당신도시, 고양시의 일산신도시, 군포시의 산본신도시, 부천시의 중동신도시, 안양시의 평촌신도시 등 5곳이다.

부동산을 공부하면서 신도시는 실패하지 않는 투자라는 사실을 알았다. 허허벌판인 공간에 정부 자원을 투입하며 대규모 생활 시설을 조성한다. 구도심과의 편리한 이동을 위해 도로망을 확충하고 지하철을 신설한다. 대단지 아파트 주변에는 속속들이 초, 중, 고등학교가 개교하고 마트, 백화점, 공원, 병원 등 주민들의 편리한 생활을 위해 각종 시설들이 들어선다. 신도시는 이처럼 무에서 유를 창조하는 과정이기 때문에 시간의 흐름에 따라 자연히 주택가격이 상승한다.

신도시의 가장 큰 장점은 '새것'이라는 점이다. 이를 활용해 투자 시점을 잘 선택하면 훌륭한 투자처가 될 수 있다. 신도시는 모든 것이 처음이다. 병원이 들어서기 전에는 이용할 다른 병원이 없고, 영화관이 만들어지기 전에는 서울 도심으로 이동해야 한다. 사회 기반시설이 생기면 그 지역의 주거환경이 개선되는 것이고 그런 측면에서 본다면 줄줄이 기반시설이 조성되는 신도시는 개발 호재가 끊이지 않는 것으로 볼 수 있다.

1991년 입주한 1기 신도시는 더 이상 '신'도시가 아니다. 입주 30년을 맞이하는 늙어 가는 도시이고, 입지 경쟁력을 바탕으로 서울과 경쟁해야 하는 입장이다. 2기 신도시는 입장이 다른데 2003년 참여정부는 서울의 부동산 가격 폭등을 억제하기 위해 2기 신도시 계획을 발표하고, 경기 김포(한강), 인천 검단, 화성 동탄1·2, 평택 고덕, 수원 광교, 성남 판교, 서울 송파(위례), 양주 옥정, 파주 운정 등 수도권 10개 지역을 비롯해 충남 천안·아산의 아산신도시, 대전 서구·유성구의 도안신도시 등 충청권 2개 지역, 총 12개 지역을 2기 신도시로 지정했다. 2기 신도시는 입지에 따라 시세 차이가 크게 벌어졌다. 성남 판교와 수원 광교, 송파 위례는 뛰어난 입지로 인해 강남에 필적하는 시세를 보이고 있다. 이에 반해 경기 김포 한강신도시는 개발이 지지부진하고 미분양이 속출했다. 강남과의 접근성을 중요시하는 투자자들에게 경기 서북부 지역은 관심의 대상에서 벗어나 있었고, 특히 서울과 연결되는 지하철이 개통 전이라는 사실이 크게 작용했다.

생각을 한번 전환해 보자. 이미 서울 도심으로 이어지는 지하철이 개통된 지역보다는 개통될 지역이 개발될 가능성이 크다. 생활 인프라가 완벽하게 자리 잡은 완숙한 도시보다는 인프라가 부족하지만, 지속해서 근린시설이 추가되는 지역이 호재가 많다. 이런 이유로 개발 중인 신도시는 '신도시'라는 사실만으로 호재를 가득 품고 있는 것이다.

투자 원칙 4. 초품아와 생활편의시설

부동산 투자는 가격이 내리더라도 상승할 때까지 그 집에서 살면서 기다릴 수 있다는 장점이 있다. 최근 투자 시장에서는 '존버'라는 단어가 유행한다. 무조건 버티라는 말이다. 이렇게 무작정 기다려야 하는 걸 '가치투자'라고 할 수 있을까? 대답은 투자 대상과 종목에 따라 다르다.

주식시장에서 자신이 투자한 종목의 주가가 반토막 났다고 가정해 보자. 아무리 공부를 해서 내린 결론이라 할지라도 이 정도의 하락을 맛보면 마음이 요동친다. 투자한 회사가 상장폐지라도 된다면 주식은 휴지조각이 된다. 그러나 부동산은 실물 투자라는 점에서 주식과 다르다. 아파트 가격이 아무리 떨어져도 0원이 될 수는 없다. 기본적으로 토지가격과 아파트 건축비가 있기 때문에 더 이상 떨어질 수 없는 마지노선이 있다. 또 부동산 시장에서 주택가격이 폭락할 경우 매도하지 않고 그곳에 거주하며 버티다 보면 가격 상승을 기대할 수 있다.

자본주의 시장에서 인플레이션은 필연적이다. 아파트 가격에도 물가상승률이 반영된다. 매수한 아파트 인근 지역에 공급이 많다면 일시적으로 가격이 떨어지거나 보합일 경우도 있지만 이는 물량이 해소됨에 따라 점차 시장가격을 찾아간다.

살기 좋은 아파트란 어떤 기준일까? 대부분 결혼 후 가장 큰 고민은 육아다. 아이가 잘 자랄 수 있는 여건이 마련돼야 한다는 점에서 주변에 유치원과 초등학교가 있어야 한다. 또한 맞벌이가 보편화 된 세대이기에 퇴근해서 가족들과 편하게 저녁을 해결할 수 있는 상권이 발달해 있다면 더욱 좋다. 거주하는 아파트 단지 주변에 식당이 없다면 퇴근 이후 삶의 질이 크게 떨어진다.

몇 년 사이 온라인 쇼핑 시장이 급격하게 성장해 대형마트의 위상이 예전과 같지 않지만 거주하는 아파트 인근에 대형마트가 있다면 호재인 것은 당연하다. 아파트는 투자의 대상이기 이전에 한 가족의 소중한 생활공간이다. 실제 생활하기 편한 아파트가 투자가치도 높다. 선배가 추천해 준 아파트는 위의 세 가지 요건을 모두 충족했을 뿐 아니라 단지 내에 초등학교를 품은 '초품아' 아파트였다. 신혼부터 아이가 초등학교 다닐 때까지 거주하기에 불편함이 없어 보였다. 아파트에서 5분만 걸어 나가면 김포한강신도시에서 가장 큰 상업지구가 있다. 롯데리아, 베스킨라빈스, 파리바게트와 같은 프랜차이즈 매장부터 개성이 강한 개인 상점까지 생활에 필요한 모든 것이 형성된 대규모 상권이었고, 상권 내에는 대형마트가 있다. 실거주를 위한 모든 요소들이 갖춰져 있었다.

투자 원칙 5. 적은 투자금

많은 사람들이 부동산 투자라고 하면 투자금이 많이 들어갈 거라는 오해로 지레 포기하곤 한다. 지역과 물건에 따라 다르지만 눈길을 서울에서 조금만 돌려 보면 저렴한 투자 기회가 많다. 투자서에는 투자금을 줄이는 두 가지 방법을 제시하는데 하나는 전세 레버리지를 활용하는 것이고, 다른 하나는 분양권 단계에서 아파트를 매수하는 것이다. 나 역시 첫 투자는 2,000만 원을 넘지 않는 것을 원칙으로 삼았다. 사회초년생에게 2,000만 원이란 소비와 지출을 타이트하게 통제하면 일 년이면 충분히 모을 수 있는 돈이기 때문이다.

열심히 저축해서 모은 돈으로 무리하지 않는 투자를 하고 싶었다. 선배가 추천해 준 물건은 분양권 단계의 아파트였는데 프리미엄이 붙지 않은, 분양가격 그대로 매수할 수 있는 동호수도 있었고, 일부 로얄동, 로얄층(R.R)의 경우 500만 원의 프리미엄이 붙은 상태였다. 여기서 말하는 입주권 프리미엄이란, 분양에 당첨된 선분양자가 입주까지 아파트를 가져가지 않고 중간에 매도하면서 향후 기대되는 아파트값 상승을 선반영하는 것을 뜻한다.

2017년 당시 김포 한강신도시는 수요를 뛰어넘는 공급으로 미분양이 많았는데 일부 단지의 경우 분양가보다 저렴한 마이너스피로 분양권이 거래됐다. 추천받은 아파트 단지 주변으로도 마이너스피 아파트가 많았다. 그런 상황에서 추천받은 단지 내에서 프리미엄이 붙지 않은 저렴한 동호수를 매수할지, 웃돈을 주더라도 로얄동, 로얄층을 매수할지 선택의 기로에서 나는 후자를 선택했다. 우리는 늘 선택의 상황에 직면한다. 로얄동을 매수하기로 한 이유는 선배의 조언도, 중개사의 충고도 아니었다. 부동산 투자서에서는 과거의 데이터를 친절히 보여 주며 로얄동, 로얄층을 구매하는 것이 장기적으로는 투자수익을 극대화한다고 강조했다.

김포 신도시를 매수하면서 사용한 총 투자금은 2,000만 원에 조금 못 미치는 1,850만 원이었다. 분양권을 매수할 경우 선분양자가 납입한 계약금을 지불해야 하는데 이는 분양하는 아파트마다 비율이 다르다. 내가 매수한 아파트의 분양가는 2억 5,000만 원으로 계약금은 분양가의 5%였다. 계약금 명목으로 1,250만 원, 프리미엄 500만 원, 분양권 중개수수료 100만 원 총 1,850만 원, 나의 첫 투자는 그렇게 시작됐다.

투자를 책으로 배우다

투자를 생각하고 책을 읽기 시작하면서 내 삶은 180도 바뀌었다. 얼마를 벌고 얼마를 가졌는가에 대한 희열보다 이제 어떻게 살아야 할지 나름의 방향이 섰다는 점이 더 큰 수확이었다.

재차 강조하지만, 이 책의 독자가 앞에서 제시한 50권의 책을 통해 재테크 공부를 시작한다면 그의 삶 또한 긍정의 길로 들어서리라 확신한다. 투자는 재능의 문제가 아니라, 선택의 문제다. 앞으로 어떤 길을 걸을 것인가에 대한.

부린이를 위한 유용한 사이트 및 앱

사이트명	특징
KB부동산 리브온 (https://onland.kbstar.com)	주택시장 가격과 동향을 주간, 월간 단위로 제공 → 부동산 시장의 흐름을 파악할 수 있다.
호갱노노 (https://hogangnono.com)	국토교통부 실거래가와 시세를 지도에서 한눈에 볼 수 있으며 투자자들의 관심도를 측정할 수 있는 가장 많이 오른 아파트, 인기 아파트에 관한 정보 제공
청약홈 (www.applyhome.co.kr)	한국 감정원에서 운영하는 사이트로 청약 일정, 신청, 당첨자 발표 등 청약에 관한 모든 자료 제공
부동산지인 (https://www.aptgin.com)	연도별 입주물량, 거래량, 지역별 전출입, 미분양 정보 등 부동산에 관련된 빅데이터 제공
조인스랜드 부동산 (joinsland.joins.com)	조회수 많은 아파트, 전세가율 높은 아파트, 2년 미만 입주 아파트 등 테마를 지정해 아파트 검색 가능
아파트실거래가 (https://asil.kr)	실거래가, 분양, 거래량, 가격흐름, 공급량, 학군까지 투자에 필요한 빅데이터를 제공

투자 이후
변화된 세상에 대한 관점

뉴스는 곧 현실이 된다

내 명의의 부동산을 갖게 되면서 사회를 바라보는 시선이 달라졌다. 수중에 아무것도 없을 때는 TV에서 연일 경제 위기라는 기사가 나와도 신경 쓰지 않았다. 경기가 좋든 나쁘든 월급쟁이는 세상사에 큰 관심이 없다.

정부의 부동산 정책도 휴식 시간에 동료들 사이에서 잠깐 거론될 뿐 큰 관심거리는 아니었다. 정부가 부동산 양도세를 완화하든 강화하든 그건 집을 가진 사람들의 문제였다. 얼마 되지 않는 통장잔고가 전부인 사회초년생에게 부동산 정책이 무슨 의미가 있었겠는가.

사회생활을 처음 시작할 무렵 언론에서는 2기 신도시의 교통망 확충과 관련해 김포 신도시의 경전철과 위례의 트램 사업 진행경과를 보도했다. 내 삶과 무관하던 뉴스가 부동산이라는 실물자산을 갖게 되면서 현실로 다가왔다. 지루하고 어렵기만 했던 경제 기사가 눈에 들어오기 시작했다. 공부를 하면서 국내경제는 물론이고 자연히 세계경제도 관심을 갖게 됐다. 글로벌 시대에 각국의 경제 상황은 상호 긴밀하게 연결돼 있고, 특히 대외수출 의존도가 높은 한국의 경우 주요 강대국의 경기에 따라 요동친다는 것도 알게 됐다.

특히 교통개선 계획과 관련된 뉴스는 더욱 관심 있게 봤다. 해당 지역의 부동산 가격을 견인하는 요소가 교통호재라는 사실을 직접 투자를 통해 체험해 봤기 때문에 지하철 개통 계획이나 도로망 확충 계획 기사가 난 날에는 반드시 검색해 보고 진행경과를 추적해 기록해 두었다.

정치 분야 역시 과거에는 '정치인은 도긴개긴'이라며 무관심한 태도를 보였다면, 투자를 시작하면서부터 정당과 인물이 제시한 공약을 면밀히 따져 보게 됐다. 그러면서 부동산 시장을 바라보는 보수와 진보의 시각차도 이해하게 됐다.

이처럼 실물자산이 있고 없고에 따라 세상을 바라보는 관점은 달라진다.

젊은 임대인이 임차인을 구할 때

분양받은 아파트의 입주시기가 가까워졌다. 당장 들어가서 살 집이 아니었으므로 임차인을 구하기 위해 매수한 아파트 인근 부동산을 찾아갔다. 당시에는 부동산이라곤 작은 원룸을 구하기 위해 몇 번 가본 것이 전부였다. 창문 틈 사이로 부동산 중개사의 얼굴을 확인하고 친절해 보이는 40대 아주머니가 운영하는 부동산으로 조심스레 들어갔다.

"오피스텔 방 구하러 오셨어요? 여기 앉으세요."

"아 네. 오피스텔이 아니고 아파트를…."

"총각이 벌써 넓은 아파트가 필요해요? 요즘 오피스텔도 평형이 잘 나와서 넓어요. 우선 이 오피스텔 평면도를 보세요."

"아뇨, 오피스텔이 아니라 아파트 전세를 알아보려고요."

"짐이 많으신가 보다. 그러면 전세 아니면 월세?"

"제가 입주할 집을 구하는 게 아니라 제가 가지고 있는 아파트의 임차인을 구하려고요."

시장님의 눈동자가 커졌다.

"임차인이요? 어머. 임대 놓으려는구나. 너무 어려 보여서 제가 착각했네요."

당시 나는 27살이었다. 나이를 듣고선 소장님의 질문이 이어졌다. 어린 나이에 부동산에 관심을 가지게 된 배경에서부터 매수를 결정하기까지의 과정 하나하나가 궁금한 모양이었다. 자랑할 것도 없고 말주변도 없는 터라 그간 배우고 공부했던 투자 과정을 간단하게 얘기했다.

"내가 임차인 잘 구해 볼게요. 그리고 젊은 학생이 벌써부터 부동산에 관심을 가지고 열심히 사는 걸 보니 분명 부자 될 거예요. 여자 친구가 누군지 몰라도 부럽다. 내 남편은 뭐하나 몰라."

살면서 누구도 내게 부자가 될 거라고 말한 사람은 없었다. 순경이라는 계급과 부자는 너무도 먼 얘기라고 생각했으니까. 막연히 부자를 꿈꿨던 나도 실은 반신반의했다. 이렇게 공부한다고 과연 부자가 될 수 있을지 말이다. 그런 내게 처음 만난 부동산 중개사의 응원은 가슴을 뜨겁게 만들었다.

젊은 임대인이 임차인을 만났을 때

분양권을 매수할 당시 프리미엄을 더 주고 로얄동, 로얄층을 매수한 것이 전세 놓을 때 큰 도움이 됐다. 부동산에 세입자를 구해달라는 요청을 한 지 일주일이 채 되기 전에 전세 문의가 들어왔다. 아파트를 분양받는 것도, 세입자를 구하는 것도, 부동산에서 전세 계약을 맺는 것도 모든 게 처음이었기에 실수를 줄이기 위해 전에 읽은 부동산 책을 다시 펼쳐 들었다.

입주 전 확인해야 할 체크리스트에서부터 피해야 할 세입자의 유형까지 유용한 꿀팁이 가득했다. 가장 눈길을 끈 부분은 입주장 아파트에서 전세금을 많이 받는 노하우였다. 아파트를 계약한 소유주는 입주지정 기간이 끝나기 전까지 시공사에 아파트 분양 잔금을 지급해야 한다. 잔금을 지급하지 못한 소유주는 연체된 잔금에 대해 이자를 지불해야 한다. 연체이자를 피하기 위해 대부분의 소유주들은 입주지정 기간이 끝나긴 전에 저렴한 가격으로 서둘러 임차인을 구한다. 모든 경제활동이 그렇듯 전세시장도 수요와 공급에 따라 움직이기에 전세 물량이 많은 입주기간 초반에는 제값을 받기 힘들다. 책에서 설명하기를 연체이자를 낼 각오로 전세 물량이 빠지는 것을 확인하고 천천히 세입자를 구하면 높은 전세금을 받을 수 있다고 했다.

나는 책에서 말하는 내용을 참고해 연체이자를 지급할 마음으로 느긋하게 기다렸고, 해소되는 전세 물량을 보면서 천천히 임차인을 구했다. 1,600세대 대단지 아파트의 입주가 마무리될 즈음 부동산 중개사에게 전화가 왔다.

"전세 천천히 놓는다고 하셨죠? 어린 나이에 이런 건 또 어떻게 아셨대? 이제 전세 물량이 20개도 안 남았네요. 앞에 계약한 전세금보다 2,000만 원은 비싸게 계약할 수 있게 됐어요."

"그럼 이제 알아봐 주세요. 저도 계약 진행하겠습니다."

"지금 계약을 원하는 분이 있는데 확인해서 연락드릴게요."

부동산 소장님은 임차인을 구해 주었고 이내 계약을 진행했다. 당시 계약한 전세금은 대단지 아파트 내에서도 손꼽히는 높은 전세가였다. 본 계약 당일 임차인을 만나기 위해 부동산으로 향했다. 임차인은 50대 중년 부부였다. 얘기를 들어 보니 두 아들이 분가해서 넓은 평수의 아파트에서 소형 평형으로 찾고 있었다고 한다. 계약서에 서명하면서 출생연도를 보니 부모님과 동년배였다. 아버지, 어머니뻘을 임차인으로 받게 됐을 때의 감정은 복잡했다. 자식보다 어린 임대인에게 세 들어 사는 그분들의 심정이 염려스러웠고, 앞으로 임차인과의 관계를 어떻게 가져가야 할지도 걱정이었다. 임대인으로서의 위치와 손아랫사람으로서의 예의 사이에서 자연스러운 조화가 필요했다. 예의를 갖춰 잘 사용해달라는 인사를 남기고 계약을 마무리했다. 임차인을 먼저 보낸 후 수고하신 부동산 소장님께 감사 인사와 함께 회식비를 손에 쥐어드렸다. 소장님은 기쁜 표정을 지으며 앞으로 필요한 부분이 있으면 언제든지 연락하라며 나를 사회초년생이 아닌 임대인으로 대해 주었다.

돌아오는 길, 동네 친구로부터 만나자는 연락이 왔다. 우리는 늘 가던 동네 앞 카페 테라스에 앉았다. 평소처럼 일상적인 얘기가 오갔다. 달라진 건 없었다. 하나만 빼고.

20대 청년, 경찰공무원, 그리고 오늘부터 임대인. 임대인이 된다고 해서 달라지는 건 없다. 다만 내 명의로 된 부동산 자산을 가지고 있다는 사실, 그 사실만으로도 삭막한 일상이 알록달록 채색되는 것 마냥 기뻤다.

경제적 여유가 가져온 삶의 변화

20대는 불안하다. 가진 것이 없고 미래도 불확실하니까. 불안해서 뭐라도 시작한 것이 독서다. 지금까진 눈앞의 목표만을 향해 달려왔다. 학창시절에는 명문대 입학을 목표로 달렸고, 진학 후에는 공무원 시험에 매달렸다. 그 과정에 정작 내가 없어서 늘 공허했고, 이따금 허무함을 느끼곤 했다.

미루고 미룬 삶에 대한 고민은 취직과 함께 찾아왔다. 남들보다 늦은 사춘기였다. 흔들리는 나를 붙드는 데 책만한 것은 없었다. 자본주의와 시장 경제 원리를 이해할수록 실물자산의 중요성을 깨닫게 됐고, 저축보다는 투자에 관심을 가지게 됐다. 그렇게 시작된 나의 첫 투자는 아파트였다. 책을 통해 자산의 중요성을 깨달아 투자를 공부한 지 일 년이 채 되지 않은 시점이었다. 지금 돌아봐도 내 인생에서 가장 의미 있는 공부였다.

부동산은 주식과 달리 가격 변동성이 크지 않아 시장 가격을 자주 확인하지 않아도 된다. 투자로 큰 자산을 축적한 것은 아니지만 마음 한 켠에 새로운 동기와 희망이 싹트기 시작했다.

생일을 맞이한 동료가 있으면 프랜차이즈 카페 기프트 카드와 함께 짧은 편지를 적어 축하해 주었다. 업무가 많아 야근하는 날이면 같이 근무하는 동료에게 부담 없이 야식을 대접했다. 매월 받는 월급 이외의 자산이 있다는 사실은 나로 하여금 주변을 둘러볼 여유를 만들어 주었다. 자산이 가져다 준 여유로 인해 주변 사람들과 대인관계가 더 좋아진 것은 물론이다. 예전 같으면 날카롭게 대립했을 문제도 상대방의 입장에서 너그러이 이해할 수 있게 됐다. 자산이 가져다 준 여러 이점들 중 하나는 삶에 한 칸의 여유를 만들어 준다는 것이다. 또한 여유에서 비롯된 너그러움은 대인관계를 풍요롭게 만들었다.

실용서 위주에서 문학 서적으로

책 읽기를 처음 시작했을 무렵 목표는 뚜렷했다. 불만족스러운 월급과 미래가 보이지 않는 불안감의 극복이었다. 당시 읽었던 책들을 보면 현실에 바로 적용 가능한 자기계발서, 실용서, 부동산 투자서가 주를 이뤘다. 경제 용어가 가득한 투자서만 읽다 보면 문득 감정의 결핍을 느낄 때가 있다. 실용서의 중압감에서 벗어나고자 문학으로 일탈하는 날이면 '내가 지금 재미에 젖어 있어도 될까' 하는 조급한 마음이 들었다. 그렇게 또 마음이 불편해지면 문학 책을 덮고 부동산 책을 집어 들었다. 늘 그랬다. 실용서 위주의 독서는 감정의 결핍을 동반하고 그럴 때면 어떤 인간미가 그리웠다. 비록 소액이지만 부동산 자산을 가지고 난 후에는 문학을 읽는 여유도 생겼다.

이제는 문학 서적을 펼쳐 놓고 오후를 보내도 그리 마음이 불편하지 않다. 당시 난 고작 27세였고, 내 힘으로 생애 첫 아파트를 장만했으니 잠시 여유를 갖는 것도 나쁘지 않다고 생각했다.

누구나 살아가는 데 자기만의 토대가 필요하다. 여유는 토대 위에서 얻을 수 있다는 걸 투자를 통해 깨달았다. 방황, 불안을 잠재우고 배우고 성장하는 삶으로 나아갈 수 있던 건 투자를 시작했기 때문이다. 지금 이 책을 읽는 당신도 가능하다. 성장의 비결은 바로 실행이다. 기억하라!

'하면, 무조건 된다.'

현명하게
나만의 공간 만들기

500/50의 의미

부모에게서 재산을 물려받지 않는 이상 직장생활을 시작하는 사회초년생은 작은 원룸에서 홀로서기를 시작해야 한다. 특히 직장이 수도권이라면 임대료를 급여로 충당하기에는 만만치 않다.

서울 주요 업무지구로 대표되는 강남, 여의도, 종로 일대의 원룸 매매가격은 지방 20~30평대 아파트 가격과 맞먹는다. 매매가에 비례해서 월세도 비싸다. 취업이 됐다고 해서 독립할 준비가 된 것은 아니다.

2015년 나의 첫 발령지는 강서구에 위치했다. 당시 근무지가 김포공항 근처여서 김포공항과 이어지는 9호선과 5호선을 기준으로 살 집을 알아봤다. 일부 역 주변은 저렴한 빌라와 원룸이 꽤 있었지만 집 주변에 술집과 모텔이 즐비했고, 밤사이 남긴 구토와 쓰레기들이 거리에 넘쳤다. 원룸 몇 개를 소개받았지만 별반 다르지 않았다. 이래서는 안 되겠다 싶어서 9호선과 5호선상의 역세권 주위에 올라온 물건은 모두 찾아봤다. 5호선은 방화역에서 영등포구청역까지, 9호선은 개화역에서 당산역까지를 기준으로 했다.

노트를 따로 만들어 부동산 중개사가 소개해 준 물건의 위치와 가격, 특징을 상세히 적어 가면서 집을 보러 다녔다. 그런 모습이 꽤나 까다롭게 보였는지 어느 중개소 소장은 동행하며 불편한 기색을 내비치기도 했다. 그러나 남에게 피해가 되지 않는 선이라면 깐깐해서 나쁠 건 없다.

보증금 500에 월세 50이라는 상한선을 가지고 구하다 보니 원하는 방을 구하기란 거의 불가능해 보였다. 방이 마음에 들면 월세가 올라갔고, 가격에 적당히 타협하면 주거 공간이 형편없었다. 며칠을 다녀도 여건은 달라지지 않았다. 마지막이라는 심정으로 5호선에 위치한 발산역으로 걸음을 옮겼다. 당시 발산역은 신축 오피스텔이 넘쳐나 전세와 월세가격이 상당히 저렴했는데 오피스텔은 지금껏 봐 왔던 원룸과 차원이 달랐다.

첫 입주를 앞둔 신축 오피스텔에는 냉장고와 옷장, 전자렌지까지 필요한 모든 것들이 빌트인 돼 있었다. 발산역 인근에 위치한 오피스텔 몇 개를 추가로 소개받아 그중 평면이 제일 세련된 신축 오피스텔을 월세로 계약했다.

500/50, 사회초년생이 처음 원룸을 계약하는 보편적인 조건이다. 전세로 가면 되지 않나 생각할 수도 있지만, 전세금의 80%가 대출이 나온다 해도 나머지 20% 금액이 서민들에게는 부담스럽다. 사회초년생이나 부모에게도 2~3천만 원은 큰돈이다.

저렴하게 원룸을 얻는 방법

직장인에게 집은 지친 마음을 달랠 수 있는 유일한 공간이므로 신중하게 계약하라고 조언하고 싶다. 사회생활을 처음 시작하는 초년생에게 시행착오를 줄일 수 있는 몇 가지 팁을 제안한다.

우선, 생활의 근간이 되는 주변 지역의 입주물량을 확인한다. 거주자의 취향에 따라 살 곳에 대한 선택 요소가 달라질 수 있다. 최근에는 연도별, 지역별 입주물량을 정리해서 올려 주는 사이트가 있어(부동산114) 단순 검색만으로도 손쉽게 정보를 확인할 수 있다.

입주물량 중에서 직접 살 집인 오피스텔 입주물량에 집중하자. 공산품과 마찬가지로 오피스텔도 시장의 수요 공급 법칙이 적용된다. 출퇴근이 가능한 범위 내 지역 중 오피스텔 입주물량이 많은 곳을 찾자. 마음에 드는 오피스텔을 발견했다면 입주시기를 구체적으로 확인한다. 첫 입주시기에는 오피스텔을 매입한 임대인이 건설사에 납부할 잔금을 맞추기 위해 상대적으로 낮은 가격에 전세를 놓는 경우가 많다. 그렇기에 이 시기를 활용하면 신축 원룸을 싸게 구할 확률이 높다.

다음으로 회사가 서울이여도 주거지로 서울만 고집하지 말자. 출퇴근이 가능한 범위 내 신도시도 검토해 보길 권한다. 신도시는 땅값이 서울에 비해 저렴하기 때문에 전월세도 저렴하다. 계획 설계된 신도시는 서울 구도심에 비해 쾌적하다는 장점이 있다. 꼭 직장 바로 옆에 집을 구할 게 아니라면 신도시는 훌륭한 대안이다.

마지막으로 여력이 된다면 월세보다는 전세를 구하는 것이 좋다. 앞서 언급했듯이 전세자금대출을 활용하면 전세금의 80%는 은행에서 대출받을 수 있다. 나머지 20%가 문제인데 부모님의 도움을 받을 수 있다면 도움을 요청하는 것도 효도다. 당신이 경제적 자립을 빨리 이뤄야 부모님도 편해진다. 도움 받은 돈은 매월 급여에서 갚아 나가면 양쪽 모두에게 득이 된다. 자녀는 월세보다 지출 부담이 줄어서 좋고, 부모는 자식의 경제적 독립을 체감할 수 있으니 좋다. 자식에게 매월 일정한 돈이 들어온다는 건 부모로서도 뿌듯하고 감사한 일이다.

좋은 집을 저렴하게 구하는 것만큼이나 공간을 깔끔하게 관리하는 것도 중요하다. 대개 오피스텔이나 원룸은 6~7평에 불과하기 때문에 짐을 줄여야 한다. 90년대 생들이 추구하는 미니멀리즘은 혼자 살기에 최적화된 생활 방식이다.

되도록 가전제품이나 생활 도구는 구매하지 않고, 최소한의 물건만으로 생활하자. 공간이 정돈되면 사람이 정돈된다. 당신이 사는 '방'은 곧 '당신'을 보여 준다. 스트레스가 많고 정서적으로 불안할수록 방이 엉망이다. 쌓인 쓰레기와 밀린 세탁물만큼이나 마음이 복잡하다는 뜻이다.

하루 10분 조용히 생각을 정리하는 시간을 갖길 바란다. 매일 쓰레기통을 비우고 세탁된 옷을 개면서 늘 정돈된 감각을 유지하자. 단순하고 누구나 할 수 있을 것 같지만 꾸준함은 누구나 할 수 있는 일이 아니다.

무리하지 않고 최소의 강도로 365일 지속할 수 있는 태도는 그 어떤 최선보다 강력한 결과를 보장한다. 하루 10분 365일을 꾸준히 할 수 있는 일을 만들어 가는 게 변화와 성장의 비결이다.

꾸준한 청소의 힘에 대해 더 알고 싶다면 마쓰다 미쓰히로의 《청소력》을 읽어 보길 권한다. 저자는 청소를 통해 여러 가지 고민거리나 문제의 호전, 사업의 번영, 행복한 가정, 꿈의 실현 등을 해결할 수 있다고 말한다. 이를 '청소력'이라는 개념으로 설명한다.

아지트 구축의 시작은 살림살이를 최소화하는 것이고, 그렇게 정리된 집의 컨디션을 유지하기 위해 주기적으로 청소해야 한다. 여기에 간단히 인테리어만 더해져도 공간의 품격이 올라간다.

공간을 연출할 때의 핵심은 조명이다. 메인 조명을 이용하기보다는 집 안 곳곳에 간접 조명을 설치하고 이를 활용하면 오붓한 분위기를 연출할 수 있다. 공간이 좁을수록 화이트 톤의 벽지를 활용하면 좋다. 시각적으로 공간이 확대되는 효과가 있기 때문이다. 집 꾸미기에 자신이 없는 사람이라면 '오늘의 집'과 같은 응용프로그램을 활용하거나 인테리어 잡지를 보는 것도 도움이 된다.

공간은 사람을 담는 그릇과 같다. 어떤 그릇에 담기느냐에 따라 형태가 바뀌는 것처럼 인간은 환경 앞에서 너무나 무른 존재인 만큼 당신이 선택하는 공간이 당신의 삶을 바꾼다고 해도 과언은 아닐 것이다.

1	화장실	4	옷장
2	선반	5	책상
3	냉장고	6	침실

소비와 심리의 상관관계

회사에서 상사에게 크게 깨진 날, 오랜 연인과 이별한 날, 이유 없이 기분이 꿀꿀한 날, 그런 날이면 평소보다 소비가 는다. 계획에 없던 화장품을 싸다는 이유로 충동구매하고 평소 구매를 망설였던 제품을 서슴없이 구입한다. 떨어진 자존감을 높이기 위해, 직장에서의 스트레스를 풀기 위해 말이다.

옷걸이로 전락한지 오래인 실내자전거와 박스조차 뜯지 않은 안마기, 피부 타입과 상반된 로션. 지나간 감정의 상처가 하나둘 모여 작은 방을 조여 오기 시작한다. 숨 쉴 틈 없이 빽빽한 공간은 그 자체로 스트레스다.

떨어진 자존감과 불안한 마음을 잠재우기 위한 소비는 결국 또 다른 스트레스로 우리에게 돌아온다. 충동적인 소비로 기분이 좋아질 수 있다. 하지만 이는 일시적인 도피처일 뿐 감정의 본질은 그대로 남아 있다.

방을 늘 정리된 상태로 유지하는 것. 이는 지난날의 상처를 치유하는 일인 동시에 재정 관리의 출발점이 된다. 소비 욕구가 끓어오르는 날이면 잠시 감정을 들여다보자. 그리고 생각하자. 물건 하나 산다고 해서 떨어진 자존감이 회복되거나 스트레스가 풀리지 않는다는 것을. 오히려 처치 불가능한 물건들로 인해 또 다른 스트레스가 더해진다는 것을.

오늘 대청소를 시작해 보자. 철이 지난 옷과 유행이 지나 2년 넘게 입지 않는 옷은 버린다. 언젠가 쓰겠지 하는 생각으로 쟁여 둔 물건이 있다면 필요한 사람에게 나누거나 과감하게 버리자. 여태껏 쓰지 않았다면 10년이 지나도 쓰지 않는다. 물건이 있던 자리에 여백을 만들어 보자. 빈 공간이 만들어 주는 여유로움에 익숙해지면 충동적인 소비가 줄어든다. 나는 새 제품의 이점과 여백의 즐거움 사이에서 오는 고민은 대체로 여백을 선택하는 쪽으로 마음이 기운다.

몸과 마음을 정돈하고, 공간과 소비를 간결하게 만들자.

행복은 멀리 있지 않다!

Part III.
독서,
더 나은 30대를 위한
가장 중요한 한 가지

인생에서
꼭 한 번 생각해 봐야 할
질문 세 가지

언제까지 그렇게 열심히만 살 건데?

당신은 열심히 살지 않은 적이 없다. 대학을 위해, 취업을 위해, 돈을 벌기 위해 자기 자리에서 누구나 열심히 산다. 모두가 열심인 세상에 '열심(熱心)'은 관심 언저리에도 끼지 못한다. 누군가 당신에게 '언제까지 그렇게 열심히만 살 건가' 하고 묻는다면 섬뜩하지 않을까?

취업만 하면 끝이다 생각했는데, 어렵게 회사에 들어가고 보니 끝이 아니라 더 치열한 레이스가 기다리고 있다. 열심히만 달려온 당신 앞에 놓일 이 물음에 이젠 스스로 답할 준비가 돼 있어야 한다. 주위에 물어봐야 답은 없다.

"물어 뭐해, 열심히 해야지."

"그게 다예요?"

"정말 열심히만 하면 되나요? 그럼 제가 뭘 열심히 해야 할까요?"

"몸이 편하니 별 생각을 다하네. 출근 잘하고 퇴근 잘하면 돼."

당신만의 질문을 가져야 할 때

앞에서 말했듯 질문에 막혔을 때 당신에겐 책이 있다. 경험할 수 없다면 책을 찾는 게 최선이라고 했다. 나이 스물이 넘으면 이젠 당신만의 물음을 가슴에 품어야 할 때다. 열심히 하겠다는 생각 없는 복창만큼 인생에 무능한 대처는 없다.

다음은 내가 품은 인생 질문 세 가지다. 자기만의 삶을 살아가고자 한다면 자기만의 질문을 가져야 한다. 지금, 스스로에게 물어보라.

'나는 과연 어떤 물음을 품고 사는가.'

떠오르지 않는다면 이 장에서 잠시 머물러도 좋다. 당신이 매일 아침 스스로 찾은 물음을 마주하는 시간을 갖는다면 분명 남들과는 다른 대답(길)을 갈 거라고 믿는다. 내가 이 책을 쓰는 이유 또한 내가 나만의 길을 가기 위해 묻고 답한 과정에서 얻은 하나의 답이었다. 부족하나마 내 경험을 책으로 정리한 것, 잘해서가 아니라 잘하고 싶어서 책을 쓰기 시작했다.

누구나 꿈을 이룰 수 있다고 믿는다. 어떻게 꿈을 향해 갈지 그 길을 스스로 찾을 수만 있다면 말이다. 아래 질문에 이 책을 읽는 당신도 대답을 채워 보길 바란다.

인생을 살아가며 마주하는 물음 세 가지

1. 왜 사는가?

태어났으니 살아야겠지만, 잘 사는 게 중요해.
그 고민을 왜 우린 태어난 지 스무 해를 넘어서야 하는 걸까?

2. 어떻게 살아야 하는가?

시간과 돈을 스스로 통제할 수 있어야겠지. 그렇다면 기반이 되는 탄탄한
자본을 만들어야겠지. 경제적 여유가 생기면 시간은 통제할 수 있을 테니까.

3. 그래서 어떤 삶, 어떤 사람이 되고자 하는가?

자유롭고 싶다. 의지하지 않고, 결정당하지 않는 삶을 살아 보고 싶다.
아닌 걸 아니라 말할 수 있고, 옳다고 믿는 것을 할 수 있는 내가 되고 싶다.

시간이 없어
독서를 못 한다는 당신에게

나만의 독서실 '출근길 지하철'

OECD 조사 결과에 따르면 한국인의 출근 소요 시간은 58분으로 OECD 평균 28분을 크게 웃돈다. 퇴근 시간까지 더해지면 이동 시간으로 100분 이상을 쓴다. 그럼에도 지하철에서 책을 읽는 사람은 찾아보기 힘들다. 누구나 책을 읽어야 한다는 데는 동의하더라도 실제로 일상에서 가까이하는 이는 드물다. 대부분은 책을 보기 힘든 이유로 시간이 없어서라고 말한다.

그런데 시간은 누구에게나 부족하게 느껴진다. 당신이 책을 읽지 못하는 이유는 시간이 없어서가 아니다. 시간을 만들어 써야 할 만큼 인생에서 책이 중요하지 않은 것뿐이다. 정확히 말하면 읽지 못하는 게 아니라, 안 읽는다 말하는 게 옳다.

책을 읽는 일은 당장 급하지 않다. 물론 급한 일부터 처리해야 일상이 돌아간다. 그걸 우린 '열심'이라고 한다. 열심히 일한 10년 후에도 급한 일은 여전히 당신 책상 위에서 대기 중이며, 그것을 처리하느라 정신없이 또 10년을 흘려보낼 것이다.

인생에서 정작 중요한 일을 하는 데는 긴 시간이 걸린다. 그 일은 급하지도 않다. 그래서 우선순위에서 항상 밀린다. 밀리고 밀리다 보니 정작 중요한 일을 하기란 너무 어렵다.

매일 책을 읽으면 당신과 다른 삶의 방식을 경험할 수 있다. 당신이 말할 수 있는 만큼 표현이 가능하듯, 알아야 가려진 세계가 드러난다. 독서를 인생의 우선순위에 올려라. 책은 어떤 업무보다 중요한 일임을 마음에 새기고 또 되새겨라. 책을 읽기 위해 하루 24시간을 재설정하라. 그러면 당신이 바빠서 책을 읽지 못하는 일은 없다.

지하철 출퇴근 시간만 이용해도 일주일에 한두 권의 책을 읽을 수 있다. 일주일에 한 권을 읽는다고 가정한다면 한 달에 4권, 일 년에 48권의 책을 출퇴근 시간만으로도 읽을 수 있다. '2019년 국민독서실태 조사'에 따르면 한국 성인의 연간 평균 독서량은 6.1권으로 나타났다. 평균 독서량의 8배에 달하는 양을 출퇴근 시간만 활용해도 볼 수 있다는 뜻이다.

중요한 것은 책을 '어떻게' 읽느냐가 아니라 '왜' 읽어야 하는가이다. 책을 왜 읽어야 하는지 이번 기회에 자신을 재점검해 보자.

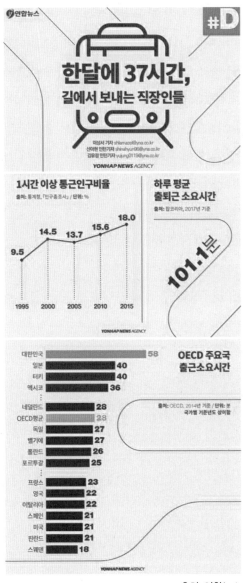

출처: 연합뉴스

나는 쾌적한 지하철을 이용하기 위해 30분 일찍 출근하고 30분 늦게 퇴근한다. 아침 6시 9분의 공항철도는 나만의 독서실이다. 승객이 없어 앉아 갈 수 있다. 사방은 고요하고 지상으로 나오는 구간에 펼쳐지는 새벽의 어스름한 한강은 그야말로 그림이다. 집중력을 높이고 싶은 날에는 가사 없는 음악이나 재즈를 듣는다. 책을 읽다 보면 여러 질문이 스치고 지나간다. 매일의 질문들이 하루하루 내가 살아갈 방향이 되어 준다. 질문 없는 삶은 출구 없는 터널이나 마찬가지다.

어제보다 나은 오늘,
오늘보다 나은 내일을 위해
오늘도 난 지하철에서 책을 읽는다.

책값을 아까워하는
당신에게

15,000원의 가치

퇴근길에 예기치 못한 돈 15,000원이 입금됐다. 확인해 보니 지난달 미지급된 초과 수당이란다.

당신에게 15,000원이 우연히 생긴다면 무엇을 소비하겠는가? 간당간당한 세면대 위의 스킨로션이 떠올라 화장품 가게에 들러 생필품을 살 수도 있고, 퇴근길 편의점에 들러 입맛을 다시며 세계맥주를 고를 수도 있다. 저녁에 치킨 한 마리를 시키거나 요즘 다시 유행하는 옛날통닭을 퇴근길에 사서 들어갈 수도 있다. 이처럼 15,000원이란 금액은 평범한 하루에 소소한 행복을 더할 수 있는 다양한 쓰임새가 있다.

하지만 내게 15,000원으로 무엇을 할 거냐고 묻는다면 고민

없이 책이라고 답할 것이다. 입으로 먹고 마시고 즐기는 것도 삶에서 누려야 할 행복이지만, 투자를 배우고 시작하면서 돈을 쓸 때 두 가지 기준을 적용하게 됐다. 이것이 생산재냐, 소비재냐의 기준이다. 써 버리면 남지 않는 건 소비재다. 반면 쓰고 나서 더 고차원적인 무엇으로 내 삶에 영향을 주는 것은 생산재다. 목재를 가져다가 집을 지을 수 있듯, 내게 있어 책은 머릿속에 사고의 집을 짓는 재료로써 사용된다. 꾸준히 읽다 보면 생각의 집이 넓어져서 더 많은 생각을 담을 수 있게 됨을 체감한다.

저자는 책 한 권을 완성하기 위해 그가 생애에 걸쳐 읽은 책들을 엄선해 지식과 노하우를 한 권에 집약한다. 우리는 단돈 15,000원으로 저자의 삶과 정성이 깃든 노력의 결정체를 손쉽게 전달받는다. 이 얼마나 가성비 최고의 물건인가!

또한 우리는 뛰어난 사업가, 저명한 대학교수, 빼어난 투자자를 현실에서 만나기란 쉽지 않다. 그들과 대면하는 유일한 방법은 비싼 수강료를 지불하거나 고액 컨설팅을 신청하는 것이 전부다. 이에 비해 책은 저렴하고 심지어 시간과 장소의 제약도 없다. 뛰어난 투자자의 조언을 듣기 위해 우리가 할 일은 단지 책을 사서 읽으면 된다. 그러니 책 사는 돈에 인색하지 말자. 그리고 책을 되도록 사서 읽자. 마음껏 읽고, 긋고, 정리해 가며 끊임없이 세상을 바라보는 시야를 확장해 나가자. 책을 통해 새로운 소재와 발상을 접하는 날이면 생각이 끝없이 이어진다. 그렇게 떠오른 아이디어를 책 곳곳에 적어 두고 끝까지 추적하자. 책을 덮어도 궁금증이 해소되지 않는다면 관련된 주제의 책이나 영상을 찾아보자. 생각의 지평은 그렇게 조금씩 넓어진다.

책 읽기가 끝나면 울림이 있는 문장, 밑줄 친 문장을 중심으로 정리해 본다. 어디에 정리하느냐는 중요하지 않다. 다이어리도 좋고 블로그도 좋다. 기록하지 않은 기억은 쉽게 사라진다. 보석을 채굴하는 마음으로 경건하게 문장을 수집한다. 그렇게 모인 문장은 위기의 순간 우리의 삶을 지탱해 주는 든든한 기둥이 될 것이다.

15,000원의 가치는 선택에 따라 무게를 달리한다. 어떤 이에게는 찰나의 무료함을 덜어 주는 한 뭉치의 팝콘이 되기도 하고, 다른 이에게는 삶의 중심을 잡아 주는 초석이 되기도 한다.

매월 용돈에서 일정 부분을 떼어 부지런히 책을 구입하자. 책 한 권이 주는 가치는 15,000원을 우습게 뛰어넘는다. 나는 여태껏 책처럼 가성비 좋은 소비를 찾지 못했고 앞으로도 그럴 거라 생각한다.

책은 어떻게 우리를
성장시키는가

문학, 삶이라는 축복

손으로 내린 커피, 정성스럽게 갠 수건, 분위기 있는 재즈 음악처럼 사소함이 주는 소소한 행복이야말로 일상에서 놓쳐서는 안 될 행복의 조각들이 아닐까 싶다.

삶에서 문학이 잠시 잠깐의 즐길 거리로 치부되는 일은 안타깝다. 문학은 즐길 것이라기보다는 알아야 할 것으로써 접근할 때 의미 있다고 보기 때문이다.

'사람을 이해하는 것'

그것이 내가 문학을 찾는 이유다.

봄은 달력보다 먼저 온다. 날카롭게 언 바람이 녹고 그 자리에 상냥한 봄기운이 내려앉으면 겨우내 얼었다 녹아 부풀어 오른 흙 틈으로 봄의 숨이 드나들며 언 땅에 온기를 퍼뜨린다. 땅이 데워지면 개구리가 동면에서 깨어나고, 계곡물이 다시 흐르고, 사람들의 표정도 한층 밝아진다. 봄이 오면 두꺼운 옷을 정리하느라 동네 세탁소가 분주하다. 집집마다 창을 열어 새 공기를 들이고 묵은 공기를 빼내느라 움츠러들었던 동네에 북적북적 활기가 돈다. 봄의 햇살은 반듯하게 깎여 내리쬐는 여름 햇볕과 다르다. 햇볕의 결은 파스텔로 칠해 놓은 것처럼 부드럽고 가벼우며 느슨하다. 햇볕은 상냥해서 닿는 곳마다 옅고 넓게 퍼져 스스럼없이 생명 속으로 스며들어 생장을 돕는다.

꽃이 피면 연두 빛 잎사귀들은 초록을 더해 가고 나뭇잎들은 더 높이 더 멀리 뻗어 나가 우거진 수풀이 하늘을 덮고 아래로 그늘을 만들어 낸다. 그러면 여름이 온다. 여름의 햇볕은 젊고 급해서 앞뒤 가리지 않고 불볕더위를 일으켰다가도 금세 태풍을 끌어와 한바탕 난리를 쳐대기도 한다. 더위와 비바람에 어리둥절한 한때를 보내다 보면 어느새 초록은 서서히 기세를 잃어 간다. 초록이 빠진 자리는 붉거나 노란 단풍들로 모습을 바꾼다.

당신의 계절은 어떠한가? 보이는 만큼 보이고, 표현할 수 있는 만큼 계절을 경험할 수 있다. 문학이란 아는 것, 한 걸음 더 나아가 인간을 이해하는 학문이라고 생각한다. 학문이라 한 이유는 문학을 통한 배움이 크기 때문이다.

가장 큰 배움은 인간에 대한 이해다. 소설은 허구지만, 소설의 내용은 현실이다. 일어날 수 있는 일이란, 이미 누군가에겐 현실이기도 하다. 내가 경험할 수 없는 일을 글을 통해 경험하고 그 입장이 되어 보는 것이야말로 우리가 문학을 다뤄야 할 이유가 아닐까 생각한다.

출근길 아침은 누구에게나 바쁘다. 마음이 바쁘면 주변을 볼 여유가 없다. 카잔차키스의 《그리스인 조르바》를 읽은 다음 날, 반나절은 좀 멍한 상태로 지냈다. 이토록 자신의 감정에 충실한 사람이 있을까 싶으면서도 한편으로는 그가 부러웠다. 감정에 충실한 삶을 살기 위해서는 얼마나 큰 용기가 필요할까? 그럼에도 그는 어쩜 아무렇지도 않게 자신이 마음먹은 대로 살 수 있을까? 그런 생각을 하면서 자연히 난 어떻게 살아왔는지 되돌아본다. 문학을 접하다 보면 일상 밖으로 난 샛길로 들어서게 된다. 경험하지 못한 세계 속에서 자연스럽게 '내가 그라면?'이란 가정을 하면서 다른 세계를 살아 볼 수 있다.

문학은 시야와 예민한 감정의 촉수를 키울 수 있게 도와준다. 자연을 느끼고 나 이외의 사람들에게 관심을 갖도록 하는 여유를 배울 수 있다. 문학을 통해 인간의 이해를 넓혀 간다면 당신의 삶은 분명 한층 풍요로워질 것이다.

풍요롭고 실존적인 삶을 위한 인문서 15선

도서명	저자	출판사명
여덟 단어	박웅현	북하우스
책은 도끼다 다시, 책은 도끼다	박웅현	북하우스
인간이 그리는 무늬	최진석	소나무
그리스인 조르바	니코스 키잔차키스	열린책들
참을 수 없는 존재의 가벼움	밀란 쿤데라	민음사
농담	밀란 쿤데라	민음사
왜 나는 너를 사랑하는가	알랭 드 보통	청미래
낭만적 연애와 그 후의 일상	알랭 드 보통	은행나무
노르웨이의 숲	무라카미 하루키	민음사
이방인	알베르 카뮈	민음사
안나 카레니나	톨스토이	민음사
살아갈 날들을 위한 공부	톨스토이	조화로운삶
사피엔스	유발 하라리	김영사
호모 데우스	유발 하라리	김영사
앵무새 죽이기	하퍼 리	열린책들

실용서, 어제와 다른 오늘을 위해

세간에는 실용서 특히나 자기계발서에 대한 부정적인 견해가 있다. 그러나 내 입장은 분명하다. 당신이 변화하고 성장하고 싶다면 자기계발서를 필요한 만큼 읽어야 한다. 자기계발서에 대해 부정적인 사람들은 책을 읽을 때 잠시 잠깐 뜨거워질 뿐 책이 삶을 바꾸지 못한다고 말한다. 한편으로 맞는 말이다. 책은 결코 인생을 바꾸지 못한다. 정확히 말하면, 변화하고 성장하는 비결은 책의 감동을 실천으로 옮겼느냐 하는 데 있다. 실천 없는 독서는 무의미하다.

당신에게 권한다. '매일 새벽 5시에 일어나서 일 년간 빠짐없이 하루 계획을 세우고 시작해 보라!' 이것만 해도 생산성에 변화가 생긴다. 실제 내가 경험했고 증명했다.

자기계발서는 명료하다. 실제 효과를 본 사람들의 증언이기 때문에 주장과 논거가 충족돼야 한다. 책을 읽고 당신에게 필요한 방법이라면 성과의 책임은 자신의 몫이다. 자기계발서가 부정적인 게 아니라, 실천하지 않은 자신이 부정적이고 게을러서임을 인정하자.

당신이 서른에 삶의 기반을 갖추기 위해서는 경제의 흐름을 아는 것은 당연한 이치다. 근로소득 이외의 자본소득, 사업소득을 구축하고 이를 통해 경제적 자립을 이루기 위해서 필요한 책들을 선정하고 읽자. 대학에서도, 군대에서도, 사회에서도 지금

껏 그 누구도 근로소득과 자본소득을 구분해서 인생 전략을 세우라는 조언을 해 주지 않았다. 나 역시 책이 아니었다면 아직도 월급으로 원하는 삶을 살 수 있으리라는 착각 속에 머물렀을 것이다. 읽은 책이 늘어날수록 더욱 생각이 확고해졌다.

'책 속에는 진짜 길이 있다.'

어제보다 나은 오늘을 위한 자기계발서 15선

도서명	저자	출판사명
카네기 인간관계론	데일 카네기	베이직북스
카네기 자기관리론	데일 카네기	베이직북스
허브 코헨, 협상의 법칙 1, 2	허브 코헨	청년정신
인생의 차이를 만드는 독서법 본깨적	박상배	위즈덤하우스
청소력	마쓰다 미쓰히로	나무한그루
아웃라이어	말콤 글래드웰	김영사
The Secret 시크릿	론다 번	살림biz
백만장자 시크릿	하브 에커	알에이치코리아
혼자 있는 시간의 힘	사이토 다카시	위즈덤하우스
책 읽고 매출의 신이 되다	고명환	한국경제신문사
익숙한 것과의 결별	구본형	을유문화사
부자의 독서	김학렬, 로사, 김익수	리더스북
시골의사 박경철의 자기혁명	박경철	리더스북
나는 4시간만 일한다	팀 페리스	다른상상
인생의 밀도	강민구	청림출판

① 경제, 재테크

《책으로 시작하는 부동산 공부》

레비앙, 더스

최근 몇 년간 이어진 가파른 부동산 가격 상승은 많은 이로 하여금 좌절감을 불러일으켰다. 특히, 사회생활을 시작하는 초년생들에게 서울 아파트 가격은 그야말로 '범접 불가능한' 영역에 도달했다고 해도 과언이 아니다. 지금의 급여 수준으로는 퇴직 시점까지 온전히 돈을 모아도 강남 신축 아파트를 살 수 없다는 결론에 다다른다. 현재의 상황에서 젊은 세대가 취할 수 있는 선택지는 두 가지가 있다. 이미 서울에서 혹은 강남에서 살기는 틀렸으니 지레 포기하고 하루하루 욜로(Yolo)를 외치며 현실에 안주할지, 아니면 당장 서울에 내 집 마련은 힘들지만 순차적으로 상급지 아파트로 이동해 결과적으로 원하는 지역에 거주할 지를 말이다.

처음 부동산 공부를 시작하며 겪었던 가장 큰 어려움은 다름 아닌 '양서'의 선택이었다. 많은 부동산 서적 중 도무지 무엇을 읽어야 할지, 어떤 것부터 읽어야 할지 감이 오지 않았다. 뾰족한 방법이 없으니 베스트셀러에서 시작해 당시 교보문고 부동산 코너에 있는 책들을 모조리 읽었다.

《책으로 시작하는 부동산 공부》는 저자(레비앙)가 그동안 읽은 책들 중에 선별한 70권을 추천해 줌으로써 부동산 공부를 시작하는 초보자들의 시행착오를 줄여 준다. 책에서 제시하는 방향을 따라가다 보면 부동산에 막 입문한 부린이(부동산+어린이)들도 어느새 견고한 자신만의 부동산 인사이트를 가질 수 있을 것이다.

② 자기계발

《카네기 인간관계론》
데일 카네기, 베이직북스

모든 일은 사람과의 관계에서 비롯된다. 이를 이해하지 못하는 사람은 성공으로 가는 지름길에서 벗어난 셈이다. 사람을 이해하고 나아가 타인과 원활한 인간관계를 유지하는 것은 성장하는 삶을 위한 필수 요소이다.

저자는 짤막한 에피소드를 통해 인간관계의 핵심을 알려준다. 뉴욕 역사상 가장 악질적인 흉악범으로 기록된 '쌍권총 크로울리'는 죽기 전 무슨 말을 했을 것 같은가? 본인에게 희생된 피해자에게 사죄하며 자신의 죄를 반성했을까? 아니다. 그는 "난 그저 정당방위를 했을 뿐이오."라고 소리치며 마지막 순간까지도 죄를 부인했다. 하물며 우리 같은 평범한 사람이 자신을 향한 타인의 비판을 수용할 수 있을까? 그렇지 않을 가능성이 지배적이다.

책에서는 인간의 본성, 호감을 얻는 원칙, 설득에 성공하는 방법, 상대방의 변화를 유도하는 방법 등 원활한 인간관계를 위해 반드시 알아야 할 내용을 소개한다. 현실이 답답하고 불만족스러운 사람이라면 다른 자기계발서를 보기 전에 가장 먼저 카네기의 인간관계론을 읽기를 권한다.

③ 인문

《여덟 단어》
박웅현, 북하우스

흔히들 살아가면서 자신에게 큰 울림을 주는 책을 '인생책'이라고 말한다. 《여덟 단어》가 바로 내가 손에 꼽는 인생책이다. 자기계발서와 재테크 서적에 빠져 실존적 사고가 결여된 나에게 지금 발붙이고 살고 있는 현재가 얼마나 소중한지를 가르쳐 주었다.

어떻게 살아야 잘 사는 인생이고, '잘 산다'는 건 어떤 의미일까? 위 질문에 저자는 '견'과 '현재'라는 키워드로 답한다. 우리는 요즘 많은 것을 본다. 책도 많이 읽고, 영상도 많이 보고, 여행도 많이 다닌다. 그러나 우리는 정작 아무것도 보지 않고 있다고 저자는 말한다. 더 많이 보려고 할 뿐, 제대로 보려고 하지 않는다는 의미이다.

헬렌 켈러는 진짜 보는 방법을 알고 있었다고 한다. 눈이 안 보이는 데도 불구하고 말이다. 앞이 보이지 않아도 그녀는 산에서 자작나무와 떡갈나무, 나뭇잎의 앞뒷면, 발에 밟히는 낙엽, 자신을 스치며 지저귀던 새, 그 옆의 흐르던 계곡물 소리 등 온갖 것을 보았다. 그런데 눈이 보이는 사람들은 정작 산에서 아무것도 보지 못했다고 한다. 이 얼마나 아이러니한 이야기인가.

저자는 담담한 어조로 '견(見)'에 관해 이야기하며 제대로 보기 위해선 시간과 노력이 필요하다고 말한다. 한 TV 프로그램에서 향후 계획을 묻는 질문에 저자는 "없습니다. 그냥 개처럼 살고 싶습니다"라고 대답했다. 무슨 말인가 들어보니 "개는 밥을 먹으면서 어제의 공놀이를 후회하지 않고 잠을 자면서 내일의 꼬리치기를 미리 걱정하지 않는다"고 덧붙였다. 지금 서 있는 이 순간에 최선을 다하는 것, 순간의 보배로움을 깨닫는 것, 깊이 있고 풍요로운 삶을 살고자 한다면 견지해야 할 삶의 자세이다. 세상을 대하는 촉수가 무뎌졌거나 미처 발견하지 못한 사람이라면 《여덟 단어》를 꼭 읽어 보길 바란다.

Part IV.

인간관계,
어쩌면 그들은
꼰대가 아닌
귀인이다

사회에서 진정한 친구를
만나기 힘들다는 당신에게

삶이 무너지는 순간

어머니가 얼마 전 암 판정을 받았다. 하늘이 무너져 내릴 것 같다는 말이 어떤 느낌인지 체감했다. 암은 남의 일이라고만 생각했는데 내 어머니가 아프다는 소식을 듣고 절망했다. 집에 내려갈때면 어머니 앞에서 편히 숨을 쉰다는 것 자체가 죄스러웠다. 자식 하나 잘 키워 보겠다고 당신 속 까맣게 타들어 가는 줄도 모르고···. 안정된 직장을 얻었고 겨우 서울에서 기반도 잡았는데, 어머니와 함께할 시간을 가늠하다 보면 눈앞이 아득해져 물풍선 터지듯 왈칵 눈물을 쏟게 된다.

나에게 유일한 위로는 사람이었다. 마음을 잡지 못해 방구석에 틀어박혀 힘들어 할 때, 곁에서 마음을 위로해 준 이가 친구였다. '힘들지'라는 말 대신, 말없이 함께 있어 준 친구. 괜찮아질 거라는 틀에 박힌 위로 대신 가만히 손을 잡아 주는 친구. 그런 친구가 곁에 있어서 근근이 버틸 수 있었다.

사람은 사람으로 성장하기도 하고 나락으로 떨어지기도 한다. 당신의 삶에서 어떤 사건을 경험한 순간이 인생그래프에서 변곡점이 된다. 잘 생각해 보면 인생그래프가 올라갈 때도, 떨어질 때도 사건의 중심에는 반드시 사람이 있다. 다시 말해 당신이 어떤 사람을 만나는가에 따라 삶의 방향이 결정된다는 뜻이다. 학창시절에도 성인이 된 지금도 마찬가지다. 그렇다면 지금 당신과 관계하며 살아가는 사람들이 어떤 생각으로 살아가는지 객관적인 시선으로 가늠해 볼 필요가 있지 않을까.

친구를 무엇이라고 정의하는가. 서로를 친구라고 생각할 수 있으려면, 무엇보다 함께할 때 정신적인 성장을 이룰 수 있어야 한다. 일반적으로 사람들이 친구라 칭하는 존재들은 내 기준에 있어서는 친구가 되지 못한다. 정확히 그들은 나를 사적으로 조금 더 아는 것뿐이며, 나란 사람에게 격식을 갖출 필요를 느끼지 않는 존재이다. 그들과 나 사이에는 사적인 과거를 공유하고 있어서 각자의 직업, 학력, 재력 따위가 어떻든 지금의 사회적 위치가 그들과 나 사이의 위계를 만들 수 없다. 친구라 일컫는 사람들은 내게 이 정도의 의미다.

이 기준에서 보자면 학창시절에 만났다고 친구라 말할 수 있는 것도 아니고, 사회에서 만났다고 해서 친구가 될 수 없는 것도 아니다. 사회에서 알게 된 사람은 제각각의 이해관계로 얽혀 있기 때문에 서로에게 순수할 수 없다고 한다. 그러나 실제 내가 친구라 부르는 사람은 학교에서도, 사회에서도 만났다.

인생을 올바른 방향으로 서로 이끌 수 있는 친구를 만나려면, 먼저 당신이 누구인지 잘 알아야 하지 않을까? 사람들은 타인을 거리낌 없이 평가하지만 정작 자신은 타인에게 어떤 평가를 받고 있는가는 생각하지 못한다.

당신은 누구인가? 나도 이 질문에 대한 적절한 답을 고민해 보았다.

'모든 링크의 합!'

현재 나와 링크된 모든 관계의 합이 바로 자신이라는 의미다. 관계는 비슷한 생각을 가진 사람들끼리 연결된다. 부정적인 사고를 가진 사람은 부정적인 사고에 동조하는 사람들을 가까이하고, 세상을 긍정적으로 바라보는 사람은 긍정적인 사람들을 만나게 된다. 당신이 만나는 사람들이 곧 당신이기도 하니, 더 나은 인연을 맺길 바란다면 먼저 당신이 원하는 인간상에 부합하는 존재가 돼야 한다.

원고를 작성하면서 인간관계에 대한 생각을 꼭 써야겠다고 생각했다. 부동산을 공부하면서 좋은 친구들을 만날 수 있었기 때문이다.(친구라 해서 나이가 같지는 않다. 친구라 지칭하는 사람들은 내게 정신적인 성숙을 이끌어 준 사람들이다.) 그들은 투자와 투기를 구분지어 생각할 줄 알고, 세상을 나쁘게 보기보다 어차피 서민으로 태어났어도 노력하면 잘살 수 있다는 건강한 가치관을 가지고 있다. 이들을 통해 세상을 바라보는 안목을 키웠고 강한 동기부여를 받았다. 결국 누구를 만나는가가 인생의 방향을 결정짓는 결정타가 됐다.

친구란 정신적인 성숙을 서로 이끌 수 있어야 한다. 만나서 소비(시간, 에너지)만 하는 관계보다 당신의 5년 후, 10년 후를 고민하게 만드는 사람들을 만나라. 인생에 자극이 되고, 한 걸음 더 행동하도록 하는 존재를 만나라. 그런 사람들은 당신의 성공을 진심으로 축하할 줄 알고, 당신의 슬픔을 온몸으로 함께 아파할 줄 안다.

삶에 취해 있거나 현실을 잊어버리려는 사람을 멀리하고, 삶을 고민할 줄 아는 사람을 만나라. 그러기 위해 먼저 당신이 그런 사람이 돼야 한다.

사랑이라는
참을 수 없는 가벼움

사람을 이해하는 지름길

당신의 마음이 또는 머릿속이 그(그녀)에 대한 생각으로 가득하다면 그건 상대를 사랑하는 것이다.

20대 그리고 서른의 당신이 지금의 나이에서 반드시 경험해봐야 하는 건 '사랑'이다. 내가 말하고자 하는 사랑은 가슴 설레고 예쁜 연인과의 사랑만을 말하는 게 아니라서 좀 실망스러울지도 모른다.

사랑이란 두 글자 속에는 서로를 향한 다양한 모양의 사랑이 존재한다. 부모자식 간의 사랑이 가장 대표적이고, 친구 간의 우정도 사랑의 일종이다. 그리고 사랑하면 당연히 떠올리는 이성 간의 사랑이 있다.

어릴 적부터 경험해 온 게 부모자식 간의 사랑이다. 이 사랑은 일방적이고 맹목적이어서 엄밀히 말하면 '외사랑'이다. 그래서 사랑받는 쪽은 사랑을 주는 쪽에 비해 그 지극한 사랑을 잘 느끼지 못한다. 불균형한 관계이다.

갓난아기가 태어난 집을 생각해 보자. 집안에서 가장 큰 힘을 가진 존재는 부모가 아니라 아기다. 아기의 울음과 몸짓에 부모들은 어쩔 줄 몰라 한다. 너무 소중한 것은 모든 관심과 사랑을 빨아들이는 블랙홀과 같다. 아이는 자라면서 일방적인 사랑에만 익숙하다. 그러니 불평등한 인간관계가 아이들 그리고 이제 갓 부모의 곁에서 벗어난 우리 자신에게도 익숙한 것이다.

성인이 되면 사랑을 해야 한다. 이성 간의 사랑 말이다. 내 뜻대로 되지 않고, 생각의 중심이 나를 벗어나 상대가 우선 되는 경험. 그 경험을 기꺼이 마다하지 않게 만드는 것이 사랑이라고 생각한다.

사랑을 하다 보면 실패를 맛보기도 한다. 인간관계에서 톱니바퀴처럼 이를 맞춰 돌아가는 일을 기대하기란 어렵기 때문이다. 한 사람을 만난다는 건 다른 세계와 만나는 것이어서 서로가 서로를 안아 주기 위해서는 상대의 몸에 맞춰 자신의 세계(생각, 태도, 습관)를 양보할 준비가 돼 있어야 한다. 그런데 그게 쉽지 않다. '내가 왜 그래야 하는데?'라는 생각이 드는 순간 관계는 위태로워진다. '넌 왜 그래?'라는 생각이 드는 순간 상대가 미워지기 시작한다. '네가 그럴 줄은 몰랐어'라는 생각이 드는 순간 그 관계는 정리 수순이다.

사랑하라 한 번도 상처받지 않은 것처럼.

류시화 시인의 이 문장은 우리가 사랑을 통해 무엇을 배워야 할지 역설적으로 알려 준다. 한 번도 상처받지 않은 사람의 사랑은 불처럼 뜨겁다. 맹목적으로 달려드는 사랑은 세련되지 못하다. 돌진하고, 부딪히고, 넘어지고, 울고, 웃고, 떼쓴다. 시인은 그 박진감 넘치는 사랑의 경험을 통해서 사랑을 제대로 이해한다고 보았다.

내가 아파 봐야 비로소 상대의 아픔을 이해한다. 내가 넘어져 봐야 다시 일어서는 게 얼마나 힘든 일인지 안다. 기진맥진할 때까지 떼를 써 봤기에 이미 돌아선 이의 마음은 돌릴 수 없음을 안다. 실은 사랑을 하는 동안은 사랑을 잘 모른다. 우리가 사랑을 알게 될 때는 그 사람과의 사랑이 깨어진 후다. 상처를 통해 사람을 이해하고, 그 이해가 지난 사랑을 온전히 해석하게 한다. 사람을 사랑하는 일이 삶을 알아 가는 일이기도 하다. 그래서인지 세 단어가 참 비슷하다.

'사람, 사랑, 삶.'

20대를 보내는 당신, 서른을 지나는 당신.

우리 나이에 맞는 사랑을 하는 것은 직장과 돈을 버는 일만큼이나 중요하단 사실을 얘기하고 싶다. 결혼을 하면 가족이 생긴다. 평생을 함께 믿고 맞춰 가며 살아야 할 사람을 잘 만나기 위해서 사람을 알아 가는 연습도 필요하다.

"사랑하라! 한 번도 상처받지 않은 것처럼."

관계의 마법 세 가지

직장생활의 마스터키

어느덧 서른, 25살에 시작한 직장생활은 6년차에 접어들었다. 직장인은 하루 1/3을 회사에서 보낸다. 직장생활이 삐걱되는 순간 일상은 순식간에 지옥으로 변한다. 업무 스트레스는 일이 익숙해지면 자연히 해결되지만, 인관관계는 노력한다고 해서 좋아지는 게 아니기 때문이다. 불편한 상사와 지내는 1분은 한 시간처럼 길게 느껴지고, 그의 발걸음 소리만 들어도 가슴 속에서 분노가 치밀어 오르기도 한다. 안정된 일상을 보내고자 한다면 밖에서의 하루 1/3시간을 어떻게 살아 내느냐에 달려 있다. 그 시간이 나머지 2/3시간까지 좌우하게 만드니까.

감사하게도 지난 6년간 잦은 부서 이동이 있었음에도 인간관계로 인한 스트레스가 크지 않았다. 만일 당신이 인간관계에서 마음의 불편을 겪고 있다면 도움이 될 만한 몇 가지 방법을 소개하고자 한다.

윗사람은 큰일보다는 오히려 사소한 일에 대해 불만을 지적한다. 누군가 조직 내에 큰 사고를 쳤다면 이미 그것은 모두의 일이기 때문에 문책보다 수습에 집중한다. 따라서 큰 사고가 났을 때 개인적인 원망은 덜하다. 오히려 사소한 문제를 지적하는 일이 훨씬 많다.

사소한 문제란 조직에 중대한 위험과는 거리가 있지만, 잘못했을 때 윗사람이 두 번, 세 번 귀찮아질 수 있는 일이다. 사소하지만 잘못했을 때 서로 귀찮아질 수 있는 일이라면 해결 방법은 거듭 점검하는 것뿐이다. 누구나 알고 있지만, 그렇다고 모두가 그렇게 행동하는 것은 아니다. 방법을 알면서도 실천하지 않는 것은 무지가 아니라 무능이다. 무능은 능력 없음이 아니라 능력을 게을리하는 것이다.

다음으로 좋은 관계를 만들고 싶다면 **사소한 선의를 먼저 베풀어야 한다.** 사람 마음은 누구나 똑같다. 내가 하기 싫은 일은 남들도 하기 싫다. 조직 안에서 누군가 해야 할 일이라면 고민하지 말고 당신이 나서서 해 보라. 여러 사람이 함께 있는 공간에서 공적인 일은 대개 사소하고 귀찮은 일이 대부분이다. 그러니 다른 이가 해 주길 서로 눈치 보는 게 아닌가. 그런 시간은 은근히

스트레스로 다가온다. 위계가 있는 조직이라면 더욱 그렇다.

우리 사무실의 경우, 쓰레기통을 비우는 순번이 정해져 있다. 이번 주 당번의 업무가 많아 쓰레기통이 넘치고 있다면 당번이 비울 때까지 기다릴 필요가 있는가. 그럴 땐 그냥 스스로 하는 게 답이다. 의도 없는 배려는 상대의 마음을 얻는 최고의 방법이다. 사람의 마음을 얻기 위해 꼭 술을 사고 함께 밥을 먹어야 하는 게 아닌데도, 사람들은 평소의 작은 선의를 어떻게 베풀어야 하는지 잘 모른다.

좋은 인간관계를 만드는 마지막 방법은 '말 들어 주기'다. 과묵한 사람이라고 해서 말하길 싫어하는 게 아니다. 대개는 남 앞에 서기를 꺼려하는 것뿐이지 성별을 떠나 말을 하지 않고 살 수 없다.

인간이 말을 하는 이유는 정보 전달만을 위한 게 아니다. 관계는 유지하기 이전에 만들어져야 한다. 신뢰하는 관계를 만들기 위해서는 서로 적의가 없음을 확인해야 한다. 그렇다면 확인할 수 있는 방법이란 무엇인가? 상대가 내 말을 '들어 주려는 귀'가 있는가이다.

'들어 주는 귀'란 말에 담긴 정보만을 얻으려는 태도가 아니라, '콘텍스트(전후 사정)' 즉, 말하는 자가 '왜', '무슨 이유'로, 이 말을 '지금' '내게' 하는가, 그 숨은 의도를 파악하려는 태도다. 상대의 감정에 주목하고, 말(주제)의 의도를 고민하는 태도를 경청이라고 한다.

흔히 상대의 말을 경청하라고 하지만, 경청을 '단지 잘 듣는 것'으로만 해석해서 어떤 태도로 귀를 열어야 하는지 모르는 경우가 많다. 경청에 대해 정확한 의미를 아는 게 도움이 될 것 같아 정리해 보았다.

경청이란, '말의 숨은 의도를 파악하려는 노력'이다.

대개 도움을 요청하는 사람의 말 속에는 결정적인 단어들이 감춰져 있다. 그들은 말을 아낀다. 자기를 최소한으로 들어내면서 어떻게든 상대가 자신의 문제를 알아주길 기대한다.

최근 뭔가 분위기가 달라져 "무슨 일 있어?"라고 물으면 "응, 있어"라고 대답하는 사람은 없다. 그들은 일단 부정하고, 다음으로 미묘한 힌트를 던진다. 말꼬리를 흐릴 수도 있고, 순간 동공이 흔들릴 수도 있으며, 어떤 말을 뱉으려다 다시 삼킬 수도 있다. 이러한 신호는 상대에 대한 관심이 있어야만 보인다.

'들으려는 귀'는 신체 기관 중 귀만을 의미하는 게 아니다. 나의 오감에 육감까지 포함해서 그를 살피려는 태도다. 그가 던진 힌트를 보았다면, 당신은 그에게서 답을 얻을 수 있다. 겉으로는 아닌 척해도 그는 이미 당신에게 자신의 문제를 털어놓을 마음이 있는 거니까.

어려움을 알아채고 나에게 관심을 가져 주는 상대를 어떻게 좋아하지 않을 수 있겠는가. 인간관계란 결국은 서로에 대한 관심으로 만들어진다.

당신이 문제의 의도를 알아줄 때 그때서야 상대의 진심을 들을 기회가 생긴다. 사람에 대한 진심 어린 관심은 그 자체로 이미 어느 정도 해결책이 되기도 한다. 잘만 들어 주어도 사람을 얻는다.

꼰대가 아닌 귀인

꼰대라는 편견

앞뒤가 꽉 막힌 사람, 상대의 입장은 생각하지 않고 결과만을 중시하는 사람, '나 때'를 경험해 보지 못한 '라떼' 세대에게 자랑을 늘어놓기 좋아하는 사람. 이쯤 되면 말하고자 하는 바를 짐작했으리라 생각한다. 맞다. 난 지금 꼰대에 대해 이야기하고 있다.

40대를 넘어선 중년 남성이 대한민국 꼰대를 표상하는 이미지다. 최근 인터넷에서는 특정인을 지목해 꼰대라 놀리는 일들이 버젓이 일어나고 있다.

꼰대는 언제부터 꼰대였을까? 그들도 신입이었을 때가 있었고, 꼰대란 말 대신 노땅이라 칭했을 누군가도 분명 있었다. 꼰대도 처음부터 꼰대는 아니었다. 꼰대는 세월과 오랜 사회생활을 통해 만들어진다. 자리가 올라갈수록 책임은 무거워지고 자칫 승진에 실패하기라도 하면 그 나락이 오른 만큼 가파라지기에 자기 자리에 전전긍긍할 수밖에 없다. 그러니 입장 차를 보일 수밖에 없다. 원해서 꼰대가 되는 것이 아니라, 꼰대가 돼야 원하는 자리를 유지할 수 있다고 최소한 그렇게 믿고 있기 때문이다.

"나 때는 말이야!"라는 말을 자기 자랑쯤으로 여길 수도 있으나, 꼰대는 위계를 이용한 동기부여가 일을 처리하는 데 효과적이라고 믿는다. 그들 또한 그렇게 배웠으니, 배운 대로 지시하는 게 자연스러울 것이다. 물론 모두가 그런 것은 아니다. 꼰대들이 살아온 배경을 이해하면 그 행동을 이해 못 할 것도 아니다.

20, 30대가 상사나 어른들을 꼰대라 욕하는 모습을 보면 안타깝다. 세대 차에서 오는 문화차이를 줄이지 못한 건 온전히 그들의 탓만은 아니다. 꼰대는 조직의 중간 리더다. 리더의 자리에 오르기 위해서는 시간이 필요하다. 그들이 쌓아 온 시간은 아직 당신이 가져 보지 못한 시간이다. 그들에게는 실패와 성공의 경험이 있고, 경험을 통해 세상을 바라보는 안목이 있다. 이제 일을 배우는 당신에게는 꼰대의 앞선 경험이 필요하니 꼰대는 당신 인생에서 쳐내야 할 사람이 아니라, 오히려 적극적으로 받아들여야 할 사람이다.

편견의 집단화는 고착된 이미지를 만들어 버린다. 그것은 무서운 일이다. 대한민국 중년들이 꼰대라는 대명사에 갇혀 특정

세대에게 몰매를 맞을 만큼 과연 문제 있는 사람들일까? 광고에 서조차 중년의 직장인을 조롱하는 패러디를 다룬다. 꼰대가 되고 싶어 되려는 사람은 없다.

이 글을 읽는 당신에게 조언하건데, 감정적인 사람이 되지 마라. 이유 없이 사람을 미워하지 마라. 집단무의식에 휩쓸려 부정에 동조하지 마라. 모두가 꼰대라 욕할 때 당신만은 그들을 이해할 마음을 가져 보라. 꼰대의 본심에 귀 기울이고 오히려 그들에게 먼저 한 발 다가가 보라. 앞장에서 사람의 마음을 얻는 방법으로 경청을 이야기했다. 꼰대에 대해서도 마찬가지다. 모두가 꼰대를 욕한다고 해서 당신마저 비난에 동조할 필요는 없다.

세상은 내가 원하는 대로 살아지기보다, 살기 위해 세상이 원하는 대로 살아야 할 때가 더 많다. 어른들이 둥글둥글하게 살라 하지 않던가.

사람에 대해 관대한 시선을 가져 보라. 그러면 그 사람의 본심을 듣게 될 수 있다. 그 순간 당신의 인생을 견인하는 또 하나의 끈이 연결된다.

세 명의 아버지

나는 마음속에 세 분의 아버지를 품고 산다. 나를 낳아 주시고 지극 정성으로 키워 주신 아버지와 직장에서 만난 두 분, 그렇게 나는 아버지가 세 분이다.

요즘에는 많이 달라졌다고 하지만 여전히 직장생활은 권모술수가 판을 친다. 부하 직원은 개인의 안위와 승진을 위해 상사에게 간이며 쓸개를 다 빼 줄듯이 상관의 말 한 마디면 껌뻑 죽는 시늉을 서슴지 않는다. 상관은 한 눈에 의도를 간파하고 그런 직원을 적재적소에 배치해 본인의 필요를 충족시킨다. 어딜 가나 볼 수 있는 보편적인 사내 모습이다.

기술적 대인관계가 만연한 직장에도 온정은 살아 있다. 경찰 계급으로 '경감'은 주로 계장 보직을 맡는다. 결재권자인 과장과 관서장을 제외한다면 실질적인 관리자는 계장이다.

내 하루 일과를 온전히 공유하는 계장님은 친아버지와 연령대가 같다. 다시 말하면 계장님의 아들이 나와 또래다. 나는 그분을 보며 아버지의 직장생활을 짐작한다. 아들은 아버지의 본 모습을 알기 힘들다. 회사에서는 어떤 상사인지, 부하 직원들을 어떻게 대하는지, 어떤 목적을 가지고 직장생활을 임하는지 말이다. 아들이 볼 수 있는 아버지의 모습이라곤 퇴근 후 피곤에 찌들어 소파에 누워 TV를 보는 모습이 전부다.

계장님으로부터 중년 남성이 짊어진 삶의 무게를, 집안의 가장으로서 갖는 중압감을 가늠한다. 그렇기에 나는 그를 상관이기 이전에 아버지로, 이성에 앞서 감정으로 그를 따랐다.

올해 초 삶의 전부인 어머니께서 폐암을 진단받았다. 겉으로는 애써 씩씩한 척해도 속으로는 하루에도 수십 번씩 마음이 무너져 내렸다. 꽉 깨문 입술 사이로 울음이 새어 나왔고 눈시울은 늘 충혈돼 있었다. 그런 나를 보며 계장님은 퇴근 후 술자리를 제안했다.

말보다는 술잔이 빨랐고, 적막 속에 술병은 늘어갔다. 그날따라 취기가 빨리 올랐고 계장님은 그런 나를 밖으로 이끌며 담배를 권했다.

"오구, 내 아들 건후야. 많이 힘들지? 잘하고 있어. 너는 부모님의 자랑이야. 건후가 내 아들이면 너무 자랑스러울 것 같아."

계장님의 입에서 나온 아들이라는 단어에 하염없이 눈물이 쏟아졌다. 상관 앞에서 울음을 보여서는 안 된다는 생각과 아버지에게 받는 위로가 뒤엉켜 감정이 용솟음쳤다.

"아버지, 감사합니다. 고맙습니다. 그리고 죄송합니다."

그렇게 마음속으로 따르던 계장님께 처음 아버지라고 말했다.

진심은 통하는 법이라고 하지 않는가. 나는 그를 직장 상사이기 이전에 아버지로 따랐고 그는 진심 어린 애정으로 나를 대해주었다.

흔히 '꼰대'라고 불리는 세대에 속한 40~50대를 획일적으로 단정하지 않았으면 한다. 그들은 우리의 아버지가 속한 세대이며 그들의 뒷모습은 놓치고 살던 아버지의 자화상일지 모른다.

살다 보면 삶을 송두리째 바꾸는 인생의 귀인을 만난다. 서른이 된 지금 지난날을 돌아보면 내 삶에는 세 명의 귀인이 나타났고 공교롭게도 그들 모두 '꼰대'라고 불리는 세대에 속해 있다. 열린 마음으로 그들에게 다가선 후에야 알았다. 그들은 '꼰대'가 아닌 삶의 '귀인'인 것을.

신임 순경 시절 어린 나이에 입직한 회사생활은 순탄치 않았다. 낮과 밤이 바뀌는 교대 근무로 늘 피곤했고, 무책임한 선배들의 태도는 경찰에 대한 자긍심마저 앗아갔다. 퇴사를 고민할 무렵 첫 번째 귀인을 만났다. 당시 나는 막내 순경이었고 그분은 경정 과장이었다.

국가 중요행사를 담당하는 부서였기에 하루가 멀다 하고 업무는 늘 긴박했고, 그로 인해 직원들의 신경은 날카로웠다. 살얼음판 같은 사무실 분위기를 온화하게 보듬어 준 사람은 다름 아닌 과장님이었다. 바쁜 와중에도 후배들에게 늘 정성스럽게 커피를 내려 주셨다. 비난보단 웃음을, 성급함보다 인자함을 몸소 보여 주신 분이다. 과장님을 통해 참된 어른의 모습과 올바른 직장생활의 태도를 배웠다. 방황하는 직장에서 뿌리를 내리고 정착할 수 있게 도와준 귀인이다.

돈 없이는 하루도 살 수 없는 시대에 살고 있다. 알다시피 공무원의 월급은 박봉이다. 해소되지 않는 월급에 대한 갈증을 풀기 위해 고군분투하던 중 두 번째 귀인을 만났다. 앞서 언급한 투자 멘토 선배이다. 본인의 내공이 고스란히 담긴 양서 추천과 시장을 읽는 노하우를 공유해 줌으로써 남들보다 어린 나이에 투자의 세계로 입문할 수 있었다. 멘토의 도움이 없었더라면 지금의 경제적 여유도, 독서를 통한 성장도 요원했을 것이다.

귀인은 시간과 장소를 가리지 않고 불쑥 등장한다. 독서에 대한 갈증으로 네이버 블로그를 떠돌던 중 우연히 '레비앙'이라는 블로거를 알게 됐다. 규칙적으로 올라오는 북 리뷰와 부동산 뉴스를 관심 있게 보던 중 오프라인 모임을 진행한다는 소식을 접하고 참석했다.

직접 '레비앙'을 만난 첫 기분은 오묘했다. 가고자 하는 길을 먼저 앞서가는 선배를 보는 느낌이랄까. 책을 통해 투자를 배우고 성장하는 삶을 추구하는 사람은 종종 봤지만 그녀처럼 꾸준히 다독하는 사람은 보지 못했다. 책을 통한 성장이라는 외로운 길목에서 훌륭한 아군을 만난 것이다. 그녀가 진행하는 독서모임인 '문우공감'에는 같은 이상을 가진 사람들로 가득했다. 그렇게 '레비앙'이라는 인생의 세 번째 귀인을 만나 지속 가능한 성장 동력을 얻었다.

아직도 40대 언저리에 있는 그들을 획일화해 '꼰대'로 명명할 것인가? 그들은 나의 인생을 풍요롭고 건강하게 만들어 주었듯이 당신을 이끌어 줄 소중한 귀인들이다. 지금 당장 사무실 옆자리에 앉아 있는 부장님과 진심으로 소통해 보라.

가장 가치 있는 소비

소중한 이들을 위한 선물

사람들은 대개 남에게 쓰는 돈에 인색하다. 본인의 피부를 가꾸기 위해 수십만 원의 화장품을 거리낌 없이 사고, 아무도 알아봐 주지 않는 명품 스니커즈에 몇 백만 원을 쓰면서 말이다.

원하는 것을 얻기 위해 무엇보다 중요한 덕목은 무엇일까? 빼어난 전문 지식? 뛰어난 사업 수단? 현란한 말솜씨? 수려한 외모? 전혀 틀린 말은 아니지만 엄밀히 이러한 것들은 수단일 뿐 본질은 다른 데 있다고 생각한다. 세상으로부터 이로운 것을 얻기 위해서는 자신이 가진 것 가운데 무엇이든 세상에 내어 줄 수 있는 자세야말로 성장의 핵심이다.

90년대 생은 금전적, 정서적 결핍을 안고 산다. 먼지처럼 가벼운 월급과 그에 비해 올려다 볼 수도 없을 만큼 치솟는 아파트 값, 간혹 든든한 배경을 가진 '금수저'들에게서 느끼는 박탈감.

그럼에도 90년대 생들은 윗세대에 비해 한 가지 확실한 경쟁력이 있다. 탁월한 정보 접근성과 경제 주체로서 느끼는 현실에 대한 절박한 상황 인식이 그것이다. 이들에게 경쟁은 익숙한 것이어서 희박한 자본이라 할지라도 자기들이 살아갈 구멍을 만들기 위해 어떻게든 방법을 만든다. 이들에게 재테크는 필수교양에 지나지 않는다. 없는 형편에 재테크는 해야 하니 시드머니를 모으기 위한 짠테크(불필요한 소비를 줄이고 낭비를 최소화해 재물을 모으는 것을 의미하는 신조어)가 눈물겹다. 만 원 단위로 끊어 사는 일생에서 돈을 모아야 하니 푼돈에도 민감해지는 건 당연하지 않은가. 이해한다. 당장 먹고 싶은 것, 갖고 싶은 것을 참는 건 당연하고, 친구의 생일선물을 고르면서도 한참 동안 지갑 사정을 따져 보는 것은 전혀 욕먹을 행동이 아니다.

짠테크는 돈을 모으기 위한 필수 과정이다. 하지만 짠테크에도 예외 조항이 필요하다. 바로 우리 삶을 든든하게 지지해 주고, 늘 그 자리에서 힘이 되어 주는 사람들을 위하고 아끼는 마음까지 야박해지진 말자.

부모님, 연인, 존경하는 인물, 둘도 없는 친구는 내 삶을 지탱하는 소중한 존재다. 기회가 될 때마다 영리하게 마음을 전하자. 돈의 크기가 반드시 마음의 크기는 아니다. '감사하다, 사랑한다,

네가 있어서 힘이 된다'는 말만으로도 상대방은 내 마음을 알아 준다.

경험이 쌓이고 나이를 먹으며 깨달은 바가 있다. 인생은 더하기, 빼기가 아닌 곱하기, 나누기라는 사실이다. 머릿속으로 셈을 굴려 만 원 한 장 손해 보지 않으려고 하는 사람과는 연을 맺고 싶지 않다. 그 사람은 당장 주머니 속 몇 만원을 지킬진 몰라도 깊은 관계를 만들기는커녕 단절의 빌미를 제공하고 만다.

존경하는 이의 한마디 조언으로 귀한 투자 기회를 잡을 수도 있고, 평소 따르던 직장선배의 도움으로 예기치 못한 사람과 연결될 수도 있다. 때론 친하게 지내던 친구의 도움으로 몇 년간 공부해야 얻을 수 있는 지식을 단기간에 전수받기도 한다.

역설적이게도 주변인에게 베푸는 행위야말로 가장 생산적인 소비다. 소중한 이들에게 마음을 표하는 것에 인색하지 않았으면 한다. 세상 모든 일은 사람이 하는 일이다. 부자는 결국 나를 둘러싼 인연이 만들어 준다.

그렇다면 짠테크는 언제 해야 할까? '나'를 위한 지출을 줄이자. 먹고 싶은 것을 참고, 입고 싶은 옷을 사지 않으면 그만이다. 짠테크에 예외가 필요하다면 그건 바로 타인을 향한 베풂이다.

Part V.

서른 살,
불안과 걱정보다
지금 당장 행복하기

행복은 없다 vs
행복은 어디에나 있다

행복은 커피가 아니다

우리는 늘 바쁘다. 늘 타인과 자신을 비교하며 스스로를 지치게 하니 인생이 피곤하다는 말이 나오기 마련이다. 생각해 보자. 하루에 단 10분만이라도 온전히 행복이라 느끼는 순간이 있는가? 행복은 닿을 듯 닿지 않는 거리에서 우리를 기다린다. 여기까지만 가면 행복할 것 같은데 막상 그 자리에 서고 보면 달라진 게 없다.

어떻게 하면 행복할 수 있을까? 누군가가 묻는다면 난 이렇게 답할 것이다. 행복은 없다고, 행복은 가짜라고. 끊임없이 무언가를 추구하게 만들므로 가짜다. 그렇다고 그 가짜가 삶에 의미가 없는 것은 아니다. 오히려 무척 큰 부분을 차지한다.

우린 행복을 다시 바라볼 필요가 있다. 행복의 실체는 결과가 아니라 과정이다. 당신이 진정 행복하다 느낀 시간은 어떤 목적을 이룬 순간보다 오히려 목적을 향해 열정적으로 달렸던 시간들이 아니었던가.

과정, 스토리가 있는 삶이야말로 행복에 근접한 게 아닐까 한다. 물론 행복에 대한 주관은 다를 수 있겠지만, 삶이라는 스토리를 써 나갈 때 목적과 목적이 이끄는 의미를 알고 매순간을 살아가는 사람이 그렇지 못한 사람보다 행복의 만족도는 당연히 클 것이다.

카페에 가서 커피 한잔을 시킨다. 4,000원을 지불하고 얻는 것이 단지 커피 한잔인 사람이 있고, 4,000원어치 이상의 여유를 사는 사람이 있다. 어떤 사람에겐 피로를 이기기 위해 마시는 커피라면, 어떤 사람에겐 시간을 음미하기 위한 커피이다.

행복은 결과가 아니다. 목적 또한 결과가 아니다. 따라서 행복과 목적을 같다고 생각해서는 안 된다. 목적은 내가 되고자 하는 삶의 '가치'다. 가치는 결과가 아니라 그것을 추구하고 지속할 때에만 사람들의 가슴에 의미로 남지 않던가.

가진 것을 버리고 아프리카 수단으로 떠나 원주민들을 위해 일생을 바쳤던 이태석 신부를 생각해 보라. 그의 삶은 결코 일회적이지 않았고 세상 사람들은 그를 여전히 기억한다.

휴일에 카페에서 여유롭게 차 한잔 마신다고 해서 행복해지는 게 아니다. 그것은 그냥 몸이 편한 것이고, 몸이 편하니 마음이 잠시 느슨해지는 것뿐이다.

당장 당신에게 목적이 없다면, 지금부터 당신이 살고 싶은 삶을 구체적으로 그려 볼 필요가 있다. 이러한 준비가 늦으면 늦을수록 정체를 알 수 없는 불안과 무력감은 당신을 괴롭힐 것이다.

목표는 무엇을 이룰 것인가에 대한 질문이고, 목적은 그것을 이루어서 궁극적으로 무엇이 되고자 하는가에 대한 질문이다. 돈을 벌겠다면 그것은 목표다. 그러고 나서는? 왜 돈을 벌어야 하는지 그 돈으로 어떤 삶을 살고자 하는지에 대한 질문까지 이어져야 한다.

목적과 목표가 설 때, 당신은 카페에서도, 퇴근하는 지하철 안에서도, 오랜만에 만난 친구와의 술자리에서도, 미래를 약속한 연인 앞에서도 지금 행복할 이유를 발견하게 된다. 무엇을 위해 살고자 하는지, 그 목표를 통해 어떤 존재로 남고자 하는지를 알기 때문이다.

이렇게 말하는 내게 삶의 목적과 목표가 분명한 사람이냐고 묻고 싶을 것이다. 고백하건대 나 또한 당신과 별반 다르지 않다. 목적이 불분명해서 목표 또한 물에 젖은 비스킷마냥 쉽게 물러지곤 했다. 그러나 한 가지는 알고 있다. 행복이 결과가 아니듯 삶의 목적도 수정에 수정을 거듭하며 단단해져 간다는 것을. 목적이 수정될 때마다 목표는 무력하게 허물어져 내린다. 난 그것을 인정하며 그럴 때마다 군소리 없이 다시 목표를 세운다.

서른에 삶의 기반을 만들기 위해 노력해서 목표한 자산을 모았지만, 내 나이 겨우 서른이고 앞으로 살아가야 할 시간은 길기에 다음 10년을 어떤 마음으로, 어떤 계획으로 살아야 할지 혼란스럽다. 그래서 고민한다. 현재의 나는 무엇을 원하고 어떤 존재가 되고 싶은지 말이다.

오늘도 내가 커피를 가는 이유

행복해지기를 바라는 대신 불안해 하지 않을 방법을 고민하는 편이 현명하다. 앞서 말했듯이 대개 우리의 삶을 가만히 들여다보면 행복을 진하게 느끼는 순간은 한여름 들이키는 맥주 한 모금의 짜릿한 순간만큼이나 짧다.

앞서 목표와 목적에 대해서 말했다. 인생의 각 단계에서 무엇을 이룰 것이며, 이를 통해 무엇이 되고자 하는가에 대한 고민이 필요하다고 말이다.

고민에도 시간이 필요하지만 사람들은 고민하기를 주저한다. 아니 고민하는 시간 자체를 매우 불안하게 생각한다. 왜냐하면 고민하는 동안에는 어떤 변화도 기대할 수 없기 때문이다. 사람들은 불안하면 매우 적극적으로 상황이 바뀌길 바라지만 어디 현실이 그러한가. 불안하면 그 감정에 빠져 앞을 볼 생각은 하지 않고 방구석에 처박혀 자신에게 닥친 불행이 저절로 사라져 주길 바랄 뿐이다.

'꿩 몰이'라는 게 있다. 꿩은 날개가 짧아, 높이 날거나 오래 날지 못한다. 여러 명이 짝지어 소리치며 꿩을 몰면 놀란 꿩이 허둥지둥 날아오른다. 이렇게 두어 번 몰아가면 갈 곳을 찾지 못한 꿩은 풀숲에 머리를 묻는다. 눈을 감아 버리면 세상 또한 자기를 보지 못할 거라고 생각하는 것이다. 꿩처럼 살면 주위에 도사리는 위험으로 인해 인생은 늘 다급해진다. 꿩은 생각이 없다. 어디 꿩만 그런가. 의외로 생각 없이 사는 사람도, 생각을 힘들어 하는 사람도 많다.

이건 또 무슨 말인가 싶을 거다. 생각은 그냥 하면 되는 건데 생각이 뭐가 어려운가 하고 말이다. 보이는 것을 보이는 대로 받아들인다면 뭐가 어렵겠는가. 생각이란 보이는 것이든 보이지 않는 것이든 자신의 주관을 더해 의미를 해석하는 일이다. 이때 '생각'을 '사색'으로 바꿔 말해도 좋다.

생각하는 방법은 간단하다. '왜?', '어떻게?', '정말?', '나라면?' 같은 의문을 평소 당신의 일상에 적용해서 생각하는 것이다. 남들처럼 생각하면 남들 같은 삶을 산다. 다른 삶을 살기 위해서는 남과는 다른 질문을 가져야 한다. 너무도 당연한 말이다.

자, 그럼 본론으로 들어가서 생각을 하기 위해서는 일상의 바쁨에서 한 걸음 옆으로 빠져나와야 한다. 오래 나와 있으면 나태하다 할 것이고 스스로도 불안한 마음이 드니 어차피 우리에겐 잠시 잠깐의 여유밖에 없다.

난 하루 서너 잔의 커피를 마시는데 간단히 타서 마시는 인스턴트 커피보다 직접 원두를 갈아서 내려 마시는 걸 즐긴다. 한 잔의 커피를 위해 콩을 갈고 물을 끓이는 수고로움이 있지만 나에게 있어 그 시간은 일과 무관한 사색의 시간이다. 콩을 갈고 물을 끓이는 동안 오늘 하루의 목표와 내 삶의 목적을 점검한다. 커피를 갈아 마시는 하루 10분간 말이다.

여유를 가질 수 있느냐 없느냐는 환경의 문제가 아니다. 그건 지극히 개인적인 결심의 문제다. 누구나 하루 10분 자신을 위한 시간을 가질 수 있지만, 그 시간이 무용하다 생각하기 때문에 10분조차 허용하지 않는 것이다.

생각하지 않는다면 당신은 꿩처럼 살아가게 된다. 나는 그게 싫다. 생각하는 동안 당장 무언가 바뀌지 않더라도 우리는 생각해야 한다. 고민하고 스스로에게 질문해야 한다. 매일 밥을 거르지 않듯 고민을 거르지 말아야 한다. 그러기 위해서 하루 10분 정도는 당신을 위해 비워 둘 수 있어야 한다.

커피를 갈면서 나는 생각한다.

생각하면서 나는 커피를 간다.

그 10분이

내 삶을 더 나은 방향으로 이끌고 있음을

나는 확신한다.

오늘을 기록하고 기억하기

읽고, 쓰고, 기록하고, 기억하기

험난한 일과를 마치고 집으로 돌아왔다. 몇 시나 됐나 싶어 시계를 보니 저녁 10시다. 지칠 대로 지친 몸이지만 자정까지 두 시간이 남았다는 생각에 슬며시 입꼬리가 올라간다. 사소하지만 확실한 행복, 나에게 주어지는 소확행의 시간이다.

우리는 모두 원대한 목표를 가지고 산다. 목표는 자고로 크게 잡아야 한다는 어른들의 훈수에 동조하며 현실과 동떨어진 목표를 설정한다. 세 달에 10kg 빼기, 3년에 1억 모으기, 일 년에 책 100권 읽기와 같은 무리한 계획 말이다. 회사에 출근해서 직장 생활하랴, 불가능에 가까운 목표를 달성하랴 도통 사는 재미를 느낄 겨를이 없다.

계획한 목표를 이루지 못하는 이유는 목적지까지 가는 길이 멀고 오래 걸리기 때문이다. 오아시스를 찾아 끝없이 이어진 사막을 걸어야 되는데 하물며 신발까지 없다고 생각해 보라. 대부분 몇 분 걷지도 못해 뜨거워진 발바닥을 부여잡고 포기할 것이다. 오아시스라는 미래의 행복만큼이나 당장의 행복이 중요한 이유다. 사소하지만 확실한 행복은 우리에게 든든한 신발이 되어 준다.

샤워를 하고 나와 블루투스 스피커로 잔잔한 재즈 음악을 틀고 다이어리에 일상을 기록한다. 누구를 만났고, 어디를 갔으며, 어떤 생각을 했는지. 아쉬웠던 점은 무엇이고, 어떤 일로 미소 지었는지, 기억을 천천히 되감아 세상으로부터 한 발자국 떨어져 하루를 복기한다. 최선이라고 생각하며 했던 선택이 썩 만족스럽지 않기도 하고 재치로 모면한 위기가 빛을 발하기도 한다.

일기를 쓰고 나면 다음은 가계부를 작성할 차례다. 아침 출근길에 들린 편의점 커피를 시작으로 하루의 지출을 기록하며, 당시의 순간을 회상한다. 그 사람을 알고 싶으면 그 사람의 소비를 추적하면 된다. 무엇을 먹고, 무엇을 입고, 어디에 돈을 쓰고, 어디서 아끼는지. 그렇게 모인 선택들이 곧 그 사람이다. 지출을 관리하고 통제한다는 건 스스로를 되돌아보는 일이다.

나이가 들고 어른이 되면서 삶에서 '재미'가 차지하는 비중은 줄어들고, 그 자리를 책임감과 의무감이 대신한다.

최근 '빅재미'를 느낀 적이 있는가? 어린아이처럼 그 순간을 설렘으로 기다리고, 상상만으로 활짝 웃고, 하는 내내 박장대소하는 그런 일이 있는가 말이다. 고된 일상으로 삶의 촉수가 무뎌진 우리는 '빅재미'에 반응하지 못한다. 소확행에 집중해야 하는 이유다.

남들이 보기에는 '그게 행복이야?'라고 할지 모르는 사소하지만 확실한 행복. 일상에서 그런 소확행을 찾아보자. 글을 쓰고, 일상을 기록하고, 기억하는 것. 소확행을 즐기기 위해 필요한 건 노트 한 권, 책 한 권이면 충분하다.

속는 셈치고 오늘 당장 퇴근길에 노트 한 권을 사자. 방문을 걸어 잠그고 조용한 음악과 함께 하루의 일상과 지출을 기록해 보자. 미처 느끼지 못했던 감정이 올라오기도 하고 마음이 차분히 가라앉기도 할 것이다. 그렇게 사색의 묘미를 알아 가게 된다. 기록하지 않는 하루는 기억되지 않는다. 우리는 우리가 기록하고 음미한 딱 그 만큼의 순간만 기억한다.

오늘을 기록하고 기억하자!

돈은 없지만
초라하고 싶지 않은 당신에게

호갱님, 어서오세요

의, 식, 주 중 한 부분을 차지하는 옷은 선택하기에 따라 삶의 무기가 되기도, 약점이 되기도 한다. 20대는 꾸밈에 대한 욕구가 높아 지출이 많은 시기다. 주머니는 가볍지만 이성에게 초라해 보이기는 죽기보다 싫은 시기. 합리적으로 옷을 구입하는 방법은 멀리 있지 않다. 삶에 대한, 소비에 대한 관심을 한 스푼 더하는 것, 그 지점에서 합리적인 소비가 시작된다.

　나는 남들보다 이른 취직으로 경제적 자립이 빨랐다. 20대 초반, 뚜렷한 경제관념이 없어서 소비에 대한 태도도 일관되지 못했다. 해가 바뀌고 몇 달 동안은 돈을 모아야겠다는 신념으로 사고 싶은 것도, 먹고 싶은 것도 아껴 가며 소비를 줄였다. 목표가 없으니 짠돌이 생활은 오래 가지 못했다. 1분기가 채 끝나기도 전에 그럴듯한 이유를 만들어 감당하기 힘든 지출을 이어 갔다.

설을 앞둔 주말, 고향에 내려가기 전 입을 옷을 떠올려 보았다. 작년에 입고 간 수트를 제외하고 나니 마땅히 입을 옷이 없었다. 문득 회사 선배의 말이 떠올랐다.

"고향에 내려갈 때는 깔끔하게 차려입고 가. 너 허름하게 입고 다니면 부모님이 걱정하신다."

부모님의 걱정을 덜어 드리자는 그럴듯한 이유를 만들어 소비를 정당화했다. 그러고는 겁도 없이 백화점에 P브랜드(미국 대표 브랜드로 유명한) 매장으로 향했다. 가는 길에 사야 할 품목을 머릿속으로 정리했다. 로고가 새겨진 화이트 셔츠 하나, 깔끔한 베이지색 치노 바지 한 장. 하지만 매장에서의 쇼핑은 늘 생각과는 다른 방향으로 흘러갔다. 구매리스트에 있는 셔츠와 바지를 입고 나오니 매니저가 말했다.

"이제는 넥타이를 하고 다녀야 할 나이예요. 타이도 하나 하세요."

"타이 잘 어울리네요. 타이에는 재킷인데? 보자. 이 재킷이 좋을 것 같은데 이것도 입어 보세요."

"이야, 화이트 셔츠에 레지멘탈 타이, 베이지색 치노 바지까지. 프레피 룩(캐주얼하고 현대적인 형태의 패션 스타일)의 정석이네. 그런데 벨트가 없어서 조금 아쉽다. 여기 벨트 한 번 해 봐요."

"완벽하다. 귀공자가 따로 없네. 고객님, 내가 원래 이 재킷은 비싸서 추천 안 하는데 고객님처럼 딱 어울리는 사람한테만 추천하는 거예요. 한번 생각해 보세요."

매니저의 폭풍 칭찬 덕분인지 거울 속에 비친 내 모습이 제법 마음에 들었다. '그래. 나 좋자고 옷 사는 게 아니잖아. 이런 번듯한 모습을 보면 부모님도 좋아하실 거야.' 기쁨도 잠시 영수증을 받아드는 순간 심장이 요동쳤다.

셔츠 170,000원

바지 179,000원

넥타이 150,000원

재킷 890,000원

벨트 140,000원

총 152만 원. 뒤늦게 한 달치 월급이 고스란히 옷값으로 들어 갔다는 생각에 환불하고 싶은 마음이 간절해졌다. 내 마음을 알 기나 할까. 매장 밖으로 뛰어나와 서비스라며 영화 티켓과 양말을 챙겨 주는 매니저에게 차마 환불을 요구할 수는 없었다.

계획 없는 지출이 어떤 모습인지 확실히 경험한 하루. 난 아직도 그날의 지출을 잊지 못한다.

합리적으로 소비하는 방법

그날의 충격적인 영수증은 공포로 다가왔지만 매니저가 코디해
준 옷은 반응이 좋았다. 직장동료로부터, 부모님으로부터 깔끔
하다는 호평이 이어졌다. 평소에는 말 한 마디 나누지 않던 선배
가 재킷의 출처를 묻기도 했다. 회사에서 패셔니스타로 인정받는
다는 사실에 업무의 고단함도 잊게 했다.

한동안 이어진 칭찬 이후 그 브랜드 옷을 계속 입고 싶었다.
공무원 월급으로 감당하기에는 가격이 비쌌기에 저렴하게 구매
하는 방법을 찾기 시작했다. 미국 브랜드인 00는 인도네시아와
중국과 같이 인건비가 저렴한 국가에서 제품을 생산해 글로벌
유통망을 활용해 미국, 유럽, 한국 등 주요 판매국으로 수출하
는 구조였다. 그렇다면 미국에서도 가격이 비쌀까? 유학 생활을
하는 친구들은 그 브랜드가 저렴하다고 했는데… 인터넷 검색을
통해 브랜드 공식 사이트에 접속했다. 이게 웬걸! 미국 홈페이지
에 등록된 제품 가격은 한국의 1/3 수준이었다. 세일 기간을 맞
춘다면 한국 백화점 가격의 1/4에도 구매할 수 있었다.

그날 저녁 나는 설레는 마음으로 미국에서 구매한 옷을 한국
으로 받는 방법인 '직구'를 배우고, 할인 폭이 큰 미국의 정기 세
일기간(블랙 프라이데이: 11월 추수 감사절 전후)을 기록해 두었다. 그
이후 옷이 필요할 때면 세일 기간에 맞춰 직구로 구입한다. 현재
옷장의 90% 이상이 P브랜드로 채워져 있다. 남들 눈에는 의복

에 돈을 펑펑 쓰는 개념 없는 90년생이라 비쳐질 수도 있다. 하지만 실제 지출되는 옷값은 저렴한 SPA 브랜드를 구매하는 경우와 별반 다르지 않다.

모든 소비재가 그렇듯 생산원가와 최종 판매가 사이에는 격차가 존재한다. 지갑이 가벼운 20대라면 그 사이에 위치한 유통 마진을 걷어 내는 방법을 물색해야 한다. 원하는 제품이 미국 브랜드라면 직구가 가장 좋은 방법이고, 그게 여의치 않다면 아울렛 세일 기간을 이용할 수 있다.

의류비를 줄이는 또 하나의 방법은 아이템 선정에 있다. 패션 트렌드는 늘 변한다. 매 시즌 주력 디자인이 다르고 포인트 컬러도 다르다. 트렌드에 민감한 디자인이거나 색상이 화려한 옷은 코디하기도 어렵고 한 시즌만 지나도 손이 가지 않는다. 가성비 높은 아이템 선정을 위해서는 우선 본인의 체형을 정확하게 파악해야 한다. 체형을 확인했다면 몸에 맞는 베이직한 아이템을 구매한다. 컬러풀하고 트렌디 한 상품과 달리 베이직 제품은 믹스 매치하는 게 유리하다. 블랙, 그레이, 네이비 슬랙스와 블루, 네이비, 화이트셔츠만 있다면 만들 수 있는 남친룩은 무궁무진하다.

패션은 단순히 옷 이상의 의미를 지닌다. 삶을 대하는 태도와 성격이 고스란히 드러나기 때문이다. 잘 다려진 화이트 셔츠 위로 정성스럽게 맨 네이비 레지멘탈 타이, 구김 없는 회색 슬랙스와 브라운 로퍼를 신은 사람을 떠올려 보자. 나이와 직업에 상관없이 단정한 느낌이 들지 않는가. 패션에 관심을 가지고 나를 정돈하는 것은 그 어떤 취미보다 확실한 행복이다.

돈은 없지만 초라하고 싶지 않은 당신에게, 조금 번거롭고 귀찮더라도 직구를 공부하고 소비재의 유통 과정을 이해하라.(인터넷에 직구 방법을 소개하는 글이나 영상, 책이 이미 많이 나와 있다.) 그리고 본인의 체형에 맞는 베이직한 아이템을 우선적으로 구비하라.

정돈된 패션은 무료한 일상에 소소하지만 확실한 행복을 가져다 줄 것이다.

주말 아침, 느린 산책

일상에 쉼표가 필요한 이유

주말 아침은 새벽처럼 일어나는 평일과 달리 늦장을 부리곤 한다. 주말 아침은 공기부터 다르다. 휴일의 여유는 코딱지만한 원룸도 넉넉해 보이게 하는 착시를 일으킨다.

주말 아침은 손으로 내린 커피 한잔으로 시작된다. 원두를 그라인더에 넣어 정성스럽게 갈아 뜨거운 물을 천천히 원을 그리며 붓는다. 곧 방 안은 커피 향으로 가득찬다. Maroon5의 'Sunday Morning'을 배경음악 삼아 향긋한 커피를 마신다. 주말 아침, 애덤 리바인의 목소리만큼이나 완벽한 음색은 없다.

커피를 종이컵에 옮겨 담아 집 앞 공원으로 산책을 나선다. 풀냄새를 머금은 선선한 아침 공기가 주중 어지러웠던 기분을 말끔히 씻어 내는 기분이다. 앨범을 넘기듯 지난 기억들을 한 장 씩 머릿속에서 넘겨 본다. 짜증이 많았던 상사의 얼굴, 깜빡하고 놓친 친구의 생일, 다툼이 잦아진 여자친구와의 관계….

'그때 왜 그랬을까? 조금만 참을 걸.'

'그의 입장에선 그럴만도 했는데.'

'조금 더 신경 쓸 걸.'

여유를 가지면 감정을 서너 걸음 떨어져서 바라볼 수 있다. 인간은 결코 이성적인 동물이 아니다. 이성적이고 싶어 하는 동물일 뿐. 우리의 생각과 반대로 인간은 매우 감정적이다. 쇼핑을 할 때를 생각해 보라. 어느 회사 자동차를 구매할 것인가는 제품 사양보다 제품을 권하는 영업자의 역량에 달려 있을 확률이 높다. 물론 브랜드라는 강력한 선입견이 작용하기에 벤츠와 현대차를 1:1 비교할 수는 없다. 그러나 비슷한 수준의 차라면 당신의 결정은 당신의 마음을 빼앗은 영업자의 역량으로부터 비롯될 가능성이 크다.

인간이 감정적인 존재라는 사실을 받아들이는 것은 무척 중요하다. 감정적인 투자는 100% 실패로 이어지기 마련이다. 주식을 하면서 자신이 투자하는 회사의 재무상태도 모르는 사람이 태반이고, 회사의 주력상품이 무엇인지, 성장 가능성은 있는지, 전년도의 영업이익은 얼마였는지도 모르고 투자하는 사람들이 많다.

점심 값 일이천 원 아끼겠다고 값싼 식당을 찾는 직장인들이 정작 수백수천만 원이 들어가는 주식에는 감정적이다. 좋다는 말 한마디면 따라 들어간다. 대체 이런 사람들은 얼마나 강심장인지 옆에서 지켜보고 있으면 아찔할 정도다.

부동산도 마찬가지다. 오른다 하면 줄줄이 따라 사고 본다. 최소한의 정보도 없이 최소 수천에서 억 단위 자금이 투입되는 부동산을 남의 말 한마디에 덜컥 계약해 버린다. 이것은 투자가 아니라 투기다. 도박과 다를 게 없다. 카지노에서 돈을 땄다는 사람을 본 적이 없다. 도박은 한두 번은 딸 수 있을지 몰라도 하다 보면 반드시 잃는다. 애초에 딸 확률보다 잃을 확률이 높기 때문에 룰렛을 돌릴 때마다 확률이 줄어든다. 그렇다면 이를 알면서도 왜 도박에 빠지는가? 감정이 이성을 지배하고 있기 때문이다. '될 것 같다'란 생각이 '될 수 없다'는 합리적인 이성을 무력화시키기 때문이다. 알면서도 스스로 돈을 잃으러 들어가는 꼴이다.

마음의 여유를 잃으면 삶은 도박판이 된다. 난 주식도 부동산도 해야 한다고 보는 입장이다. 왜냐하면 주식, 부동산은 투기가 아니라 투자이고, 서민으로 태어난 우리가 유일하게 부를 축적할 수 있는 방법이기 때문이다.

다만 감정에 빠지지 않으려면 공부가 필요하다. 주식이나 부동산이 떨어질 것을 걱정할 게 하니라, 공부해서 오를 만한 것을 매수하면 그만이다. 얼마 전, 시장을 뜨겁게 달군 주식을 지인이 몇 주 샀는데 그걸 이틀 후에 파는 모습을 보면서 그가 남긴 차익 몇 만 원이 대체 그에게 어떤 의미일지 생각해 봤다. 주식 계좌를 개설하고 실시간으로 바뀌는 차트에 목을 매는 동안 도통 일은 손에 잡히지 않았을 것이다. 그렇게 노력한 결과가 단돈 몇 만 원이다. 내가 보기에 그는 얻은 것보다 잃은 게 훨씬 많다. 일단 부를 축적하는 바른 길을 경험하지 못했다. 다음으로 그의 월급을 기준으로 하루 일당을 계산해 보면 15만 원이 넘는다. 주식을 하느라 소홀했던 업무와 수북이 쌓인 잔무를 고려하면 그는 몇 만 원의 이득을 위해 몇 십만 원 어치의 일을 몰아서 해야 하는 처지가 된 것이다.

여유를 가져야 한다. 마음에 여유가 없으면 인간은 감정의 지배를 받고 만다. 인간은 원래 감정적인 동물이기에 삶의 쉼표를 찍고 그때마다 이성적으로 자신을 돌아보는 시간을 가지는 것이 중요하다.

커피를 직접 내려 마시고, 주말 아침 산책을 나서며 잠시나마 일상으로부터 나를 분리시킨다. 그런 순간이야말로 삶의 여유와 스스로를 향한 객관성을 지키는 소중한 시간이다.

골목 산책의 재미

도시는 살아 있다. 건강한 도시가 있는 반면 시름시름 앓는 도시도 있다. 건물이 늘어나고, 길이 생기고, 편의시설과 새로운 일자리가 들어서는 곳에 사람이 모인다. 사람은 도시의 주인이다. 당신이 잠든 사이에도 도시는 매일 변화한다. 우리가 사는 곳뿐만 아니라 인접한 이웃 도시 또한 마찬가지다.

익숙함이란 반복된 자극으로 인해 더 이상 변화를 감지하지 못하는 상태를 말한다. 익숙함에 빠지면 처음엔 낯설어서 눈길이 갔던 것들이 시야에서 점차 사라지고, 결국 당신이 보고자 하는 것들만 눈에 들어오게 된다.

반복되는 일상이 당신의 출퇴근 동선을 익숙하게 만들면, 당신이 사는 마을 또한 보통의 마을과 다를 바 없는 단조롭고 심심한 곳이 되고 만다.

차이를 발견하지 못하면 기회도 찾을 수 없다. 마을을 산책할 때 먼 산만 바라볼 게 아니라 집 주위에 새로 들어선 아파트, 주택, 빌라, 가게들을 눈여겨보라. 그곳에는 삶의 터를 잡고 잘 살아보려는 사람들이 있다. 그들의 결정에는 나름 저마다의 이유가 있다. 그 사람들의 결정이 옳았는지 그렇지 않은지는 나중 문제다. 평소 이러한 마을의 변화를 유심히 살펴보고 변화의 이유를 생각해 보는 습관을 갖는 것은 투자자의 입장에서 꽤나 유용한 공부가 된다.

산책은 생각을 비우기 위해서 하는 게 아니다. 비워야 한다고 생각하는 순간 이미 당신은 생각을 하고야 만다. 나는 산책의 목적을 두 가지로 구분하는데, 첫 번째는 다른 생각을 하기 위해서다. 밖을 나가면 눈, 코, 입, 귀를 자극하는 감각정보들에 관심을 빼앗겨 머릿속에 얽혀 있던 문제로부터 잠시 빠져나올 수 있다. 문제를 해결할 수 없다면 잠시 다른 곳으로 주위를 돌려 머리를 식혔다가 문제로 돌아가는 것도 좋다.

다음으로는 적극적인 관찰을 위해서다. 앞서 얘기한 것처럼 마을 주변에서 벌어지는 사소한 변화를 찾고 그 의미를 짐작해 보는 것이 부동산을 공부하는 데 실질적으로 도움이 되기 때문이다. 사람들이 사는 곳은 저마다 달라도 대개 인간심리는 비슷하기에 마을의 소소한 변화를 통해서도 시장의 변화를 읽을 수 있다. 길을 걷다가 공인중개사 사무실에 붙어 있는 매매, 임대 정보를 눈여겨보기도 하고, 못 보던 브랜드 카페가 우리 동네에 들어왔다면 그것도 생각해 볼 거리가 된다. 같은 평수의 편의점인데도 한 곳은 손님으로 넘치고, 한 곳은 파리만 날리다 결국 폐업했다면 그것 역시 공부할 거리가 된다. 실제 그 과정을 지켜보면서 상권의 입지와 인간심리의 상관관계에 대해 관심을 가지게됐다.

이처럼 산책에도 목적이 있다. 동네 골목길에서도 기회를 볼 사람은 보고, 보지 못하는 사람은 그냥 지나칠 뿐이다. 익숙함에 빠지면 평면적인 삶이 되고 만다. 오늘 저녁 산책을 간다면 전혀 모르는 동네에 있다고 생각하고 낯선 시선으로 거리를 바라보라. 장담컨대 몰랐던 산책의 재미를 느끼게 될 것이다.

혼자만의 시간이
필요한 이유

오롯이 혼자서

1인 가구가 전체 세대의 절반을 넘어섰다고 하지만, 역설적으로 혼자 있는 시간을 견디지 못해 힘들어 하는 사람들이 많다고 한다. 식당에서, 쇼핑몰에서, 영화관에서, 남들과 달리 혼자 무언가를 해야 한다는 낯섦 때문에 마음의 불편함을 느끼는 사람들. 결국 편의점 도시락을 싸들고 오피스텔로 올라가, TV에서 방영되는 영화를 보고, 폰을 만지작거리며 인터넷 쇼핑을 즐기는 모습은 당신과 나의 모습일지도 모르겠다.

사람은 혼자 지내는 시간이 반드시 필요하다. 그러나 주위 시선의 불편함을 이기지 못하는 혼자는 외롭다. 직장인이라면 하루 8시간 이상은 누군가와 어울려야 한다. 같이 있어도 여전히 남이 되는 관계가 직장이다. 그렇다 해도 관계가 곧 일이니 일이 넘쳐나는 도시에서 산다는 건, 좋든 싫든 끊임없이 교류해야 함을 의미한다.

당신은 퇴근 후 잠들기 전 두 시간을 어떻게 보내는가? 하루 일과를 마치고 드디어 혼자가 되는 그 시간을 어떻게 쓰고 있는가 말이다. 직장인의 삶을 다룬 드라마를 보면 선술집에 둘러앉아 인생을 비관하고 푸념하는 모습이 단골 장면으로 등장한다. 직장인의 공식처럼 말이다. 그럼에도 이 장면에서 식상함을 느끼지 않고 고개를 끄덕끄덕 하게 만드는 이유는 피부에 착 감기도록 당신에게 현실적인 이야기이기 때문이다.

아무리 바쁘고 일에 치여 살아도, 퇴근길 만큼은 혼자일 수 있다. 시선을 피해 숨는 혼자가 아니라 스스로 자처한 혼자를 진정한 의미에서 자유라고 부를 수 있다. 당신에겐 자유가 필요하다. 속박으로부터 벗어나 온전히 당신의 감정에 따르는 시간을 살아보는 경험이 황폐해진 마음을 치유할 수 있다.

시간이 없어서, 여유가 없어서라는 말은 '어떻게 살고 싶은가'에 대한 자기 대답을 찾지 못해서일 가능성이 크다. 퇴근 후 비슷한 처지의 사람들과 술을 마시고 삶을 비관할 땐 카타르시스를 느낀다. 일종의 해방감이자 일시적으로 현실과의 단절감을 느낀다. 그러나 그때뿐이다.

직장에 있으면 이성에 충실해야 한다. 그러나 인간은 이성만으론 살 수 없다. 삶을 움직여 온 결정적인 순간들엔 감정이 키를 쥔다. 당신은 늘 감정에 목마르다. 당신에겐 스스로를 지켜 낼 셀프 위로가 필요하고, 자신의 처지를 이해할 고독의 시간이 필요하고, 그럼에도 불구하고 한 걸음 더 높은 곳을 향해야 할 인생의 목적과 용기가 필요하다. 쫓기는 혼자가 되지 말고, 스스로 되는 혼자를 경험해 보았으면 한다.

퇴근 후 두 시간, 온전히 당신을 위해 쓸 수 있는 혼자만의 시간을 가졌으면 한다.

각자의 우주

홀로 여행을 할 때는 숙소를 크게 고민하지 않아도 된다. 말 그대로 혼자니까 어디든 몸 누일 곳만 있으면 된다. 나는 혼자 여행을 떠나면 늘 게스트하우스를 이용한다. 게스트하우스의 장점인 값싼 숙박료와, 모르는 사람과 여럿이 한 방에서 보내야 한다는 단점이 함께 공존하지만 그 점이 오히려 게스트하우스만의 매력이기도 하다. 처음 만나는 사람들과 한 공간에서 지낸다는 것은 불편하기보다 낯선 호기심을 불러일으킨다. 태어난 곳, 살아온 곳이 다른 사람들은 가 보지 않은 여행지에 다다랐을 때 설렘과 불안을 동시에 느끼는 존재니까. 설렘과 불안이란 양쪽에서 팽팽히 당기는 줄의 긴장감 같은 것이라, 개별적인 감정이라기보다는 동시적인 감정이다. 설렐 때와 불안할 때 심장의 박동이 빨라지고, 몸이 움츠러들고, 동공이 확장되고, 시선이 집중되지 않던가. 설렘은 '알 수 없음'이란 불안에서 오는 감정이어서 우리가 불안하다 느끼는 것과 같은 감정이라고 생각해도 좋다.

설레거나 불안할 때 인간은 자기를 돌아본다. 불안이 자신을 다치게 할 수도 있다는 심리가 본능적으로 강하게 작용하기 때문이다. 그래서 낯선 환경, 낯선 사람을 만날 때 사람은 긴장하고 동시에 자신을 점검하게 된다.

게스트하우스에서는 저녁이 되면 투숙객들을 위해 조촐한 저녁식사를 제공한다. 서로에 대한 긴장은 식사를 하면서 비로소 풀린다. 살면서 생면부지의 사람과 얼굴을 맞대고 식사할 기회도 없거니와 그런 일이 있다 해도 마주 앉을 이유도 없다. 그러나 게스트하우스에서는 같이 식사를 한다. 각자의 삶은 달라도 여행이란 공통점이 있기 때문이다.

식사를 하며 대화가 시작된다. 불안이 설렘으로 바뀌는 순간이다. 내가 경험해 보지 못한 직업과 다른 나이대 사람들과 대화를 하다 보면 그들의 삶을 통해 내 삶의 위치를 가늠해 보게 된다. 어떻게 살아야 하는지, 과연 나는 잘 살고 있는지, 이런 질문은 비교할 수 있는 누군가가 있을 때 비로소 내 삶의 기준점을 찍어 볼 수 있다.

공무원 시험을 준비하는 사람, 편의점에서 아르바이트를 하는 사람, 국회직 공무원으로서 공무를 담당하는 사람, 변호사, 대학생, 패션 디자이너, 다큐멘터리 제작자, 약사….

그들 사이에서 난 고정된 별이 아니라 떠도는 유성 같단 생각을 했다. 개개인의 삶에 따라 나의 위치는 자리를 옮겨 다녔다. 사람에게서 삶을 배우고, 그들의 삶을 통해 그라는 사람을 배운 시간이었다.

혼자 떠나는 여행은 실은 혼자가 아니다. 당신이 만날 수 있는 사람은 밤하늘의 별처럼 무수히 많고, 그 별자리들이 현재의 당신이 서 있는 삶의 위치와 앞으로 나아가야 할 길을 넌지시 알려 주기도 한다.

아직 홀로 떠나 보지 않았다면 이제 당신만의 여행을 떠나 보길 바란다.

나의 서른, 당신의 서른을 응원합니다

제대로 바라보라

사람들이 말하는 것처럼 대한민국은 정말 살기 어려운 나라일까요? 과거 연애, 결혼, 출산을 포기한다는 '삼포세대'가 있었다면 오늘날 이 땅에서 살아가는 젊은이들은 집과 대인관계, 거기에 희망과 취미까지 포기한 '칠포세대'가 됐습니다.

칠포세대란 부정적인 메시지가 한 개인에게 국한된다면 그 인생은 비극일지 모르지만, 그 세대 전체를 아우르는 말이라면 나만의 문제가 아니라는 데서 오는 묘한 안도감이 느껴지기도 합니다.

2020년은 예기치 못한 감염병으로 대한민국뿐만 아니라 전세계가 어려움을 겪고 있습니다. 성장은 멈춰 섰고, 사람들의 가습 속엔 불안이 가득합니다. 얼마 전 방송에 출현한 전문가의 얘기가 떠오릅니다.

"진정한 21세기는 네 달 전에 시작됐습니다."

당시가 4월이었습니다. 코로나가 발생한 후로 우리는 전례 없는 시간을 살아간다는 의미겠죠. 그의 말에 격하게 공감합니다.

그러나 인류의 비극은 어제 오늘만의 이야기가 아니었습니다. 페스트가 돌아 중세 유럽 인구의 1/3이 사망했던 적이 있었고, 인류의 역사는 전쟁의 역사라고 할 만큼 수많은 전쟁을 거치며 사람들이 죽어 나갔습니다. 비극의 역사를 굳이 멀리서 찾을 것도 없습니다. 대한민국만 보더라도 1997년 외환위기를 시작으로 5년에서 10년 주기로 경제 위기가 반복돼 왔으니까요. 언론에서 금방이라도 주저앉을 것 같이 얘기하는 우리 경제는 위기와 회복을 반복해 가며 오히려 강해졌습니다. 부정적인 시각에서 바라보고자 한다면 한없이 부정적인 것이 현실입니다.

좀 더 건설적인 미래를 바라보고자 한다면, 사실(fact)을 직시해야 합니다. 칠포세대란 말에 휩쓸려 서로의 감정에 동조해 봤자 득이 될 게 없습니다.

위기 안에서 기회는 빛나는 법입니다. 위기가 닥치면 모두가 위험을 직감하고 그 순간 대다수는 고개를 숙여 위험 앞에 눈을 감지만, 그중 일부는 위기를 벗어나기 위해 눈을 부릅뜹니다. 상황을 직시하고 빠져나갈 수 있는 길목을 어떻게든 찾으려고 말이죠.

희망이 없다고 생각하는 사람에게 삶의 기회가 알아서 찾아올 일은 없습니다. 희망이 보이지 않을지라도 삶을 직시하고 벗어날 길을 찾는 사람에게는 그 좁은 길이 열릴 것입니다. 그리고 막상 그 길에 들어서 보면 길이 좁지 않다는 걸 깨닫게 됩니다. 길로 들어선 사람이 많지 않기 때문이죠.

대한민국이 어렵다고 해서 당신이 어려워야 할 이유가 무엇일까요? 직장을 잃었다고 해서, 다시 직장을 얻지 못할 것이란 불안의 확신에는 어떤 논리적 근거가 뒷받침돼 있나요? 당신은 스스로를 이성적이라고 생각할지 모르지만, 막연한 불안감에 휩쓸려 '희망 없음'에 '지금'이란 시간을 마구잡이로 자신을 던져 놓는 건 아닐까요? 그 결정은 과연 이성적인 행동이라고 말할 수 있을까요?

'희망 없음'에 자신의 삶을 던져 놓으면 '그래, 내 생각이 맞았어'라는 결과를 얻는 것 외에 다른 걸 얻을 수는 없습니다. 그런데 왜 당신의 삶을 낭비하려고 하나요? 불안에 동조하며 잠시 잠깐 나만의 문제가 아님을 위로받을 수 있을지 모르지만, 결국 삶은 당신만의 것이고, 당신만의 문제로 남은 것은 끝끝내 당신을 좌절하게 만들 것입니다.

대한민국의 저성장은 어제오늘 일이 아닙니다. 경제는 나빴다가도 좋아지고, 좋았다가 나빠지기도 합니다. 과거에도 앞으로도 대한민국에 모두가 행복할 수 있는 시절은 오기 힘듭니다. 삼포, 오포, 칠포에 스스로를 포기하지 않았으면 합니다.

위기의 시대일수록 눈을 감는 것이 아니라 오히려 크게 뜨고 세상이 어떻게 돌아가는지 제대로 보려 노력해야 합니다. 인간은 함께 살아가는 존재지만, 동시에 각자의 식탁에서 각자의 가족들과 함께, 각자의 삶을 살아가는 개별적인 존재니까요. 당신의 문제는 당신만이 해결할 수 있습니다. 그러니 부정적인 분위기에 휩쓸리지 말고 적극적으로 문제해결에 나서는 자세를 갖길 바랍니다.

위기의 시대일수록, 삶을 직시하는 자에게 기회가 있습니다.

10년은 아무것도 아닙니다

가장 빠른 시간은 과거를 돌아보는 시간입니다. 돌아보면 10년이 어떻게 갔는지 정말 눈 깜짝할 사이에 지나갔습니다. 초등학교 입학이 엊그제 같은데 벌써 나이가 서른이니 말이죠.

'눈 깜짝할' 그 찰나의 시간을 어떻게 보내느냐에 따라 삶이 달라집니다. 10년을 길다고 생각하면 오지 않을 시간처럼 느껴지지만, 10년을 당장 올 내일처럼 생각하는 사람들은 10년 후를 위해 다이어리를 펼치고 하루 계획을 세웁니다.

"10분 후와 10년 후를 동시에 생각하라."

피터드러커의 말입니다. 미래를 예측할 순 없지만, 누구나 미래를 준비할 수는 있습니다. 주변을 한번 둘러보세요. 현재를 살면서 앞으로 살아갈 날을 체계적으로 계획하는 사람이 얼마나 되나요?

젊음이 부러운 이유는 단 한 가지. 노인에 비해 시간이 많다는 것입니다. 시간은 한정된 자원이지 아무리 써도 마르지 않는 샘이 아닙니다. 죽음을 말하기엔 아직 먼 얘기라 생각할지 모르지만, 삶에서 가장 흔하게 일어나는 일 또한 죽음이란 사실을 직시해야 합니다. 인간은 늙습니다. 시간이 갈수록 당신의 삶을 떠도는 숱한 기회들 또한 동시에 소멸해 갑니다.

올해로 서른. 스스로를 어른이라고 할 수 있을까요? 그런 것 같지는 않습니다. 제가 생각하는 어른이란 두 가지 요건을 충족한 경우입니다. 바로 '정신적 독립'과 '경제적 독립'입니다. 정신적 독립이란 전적으로 자신의 삶을 스스로 계획하고 행동하고 자신의 결정에 어떻게든 책임지려는 자세입니다. 정신적인 독립을 하지 못한 사람은 타자의 결정을 신뢰하고, 무리의 비판에 가세해 그 안에서 정서적 위안을 얻습니다. 자기 의견을 내기보다는 타인의 의견을 적절히 수용하고 그 안에서만 머물곤 합니다. 이런 사람들은 세상이 어떻게 돌아가든 실체에 접근하려 하지 않고, 부정적으로 응축된 집단의 메시지를 더 신뢰합니다. 코로나19가 터지고 세계 경제가 곧 내려앉을 것처럼 말할 때, 투자는 도박이라느니, 집을 가져 봐야 희망이 없다느니 하는 세간의 이야기에만 박자를 맞춥니다. 그러나 언제나 그렇듯 세상은 우리의 생각과 반대로 돌아가곤 합니다. 2020년 7월 22일자 신문을 보면 전일 주가지수(KOSPI)가 2200선을 넘었습니다. 부정적인 관점이 지배했던 몇 달 전과 달리 주식시장은 빠르게 회복하고 있고, 세계 여기저기서 경제 재개를 위한 몸 풀기가 한창입니다.

제가 말하고 싶은 건 당신만의 생각, 당신만의 의견, 당신만의 주장을 가지라는 것입니다. 자기 생각이 없는 사람은 자기 인생을 스스로 책임지기 힘듭니다. 이런 사람을 어른이라고 말하기는 힘들지 않을까요?

다음으로 경제적 독립입니다. 서른이 아니라 마흔이 넘도록 부모에게 의지해 사는 사람들이 적지 않습니다. 의지의 관성만큼 사람을 무력하게 만드는 것은 없습니다. 당신이 마흔을 지나고 있다면 부모는 일흔의 언저리를 지나고 있을 것입니다. 부모님의 시간이 줄어들수록, 부모에게 의지한 당신의 삶 또한 위태롭다는 것을 알아야 합니다. 경제적 독립은 정신적 독립과 함께 당신이 극복해 나가야 할 삶의 중차대한 과제입니다. 돈이 있어야 배려가 있고, 사랑이 있고, 가치라는 것도 추구해 볼 수 있다고 생각합니다. 당장 이달 생활비가 부족한 사람이 누굴 돕겠다고 팔을 걷어붙인다는 건 위선으로 보이기 마련이죠. 만약 그에게 딸린 가족이 있다면 그보다 더한 무능과 허세는 없을 것입니다.

경제적 독립을 이루기 위해서는 경제라는 것이 무엇인지 몸으로 익힐 준비가 돼 있어야 합니다. 금전의 출납부터, 얼마 안 되는 돈일지라도 그것을 성실히 굴려 돈이 스스로 일하게끔 하는 나름의 방식을 터득해야만 합니다. 책의 서두에서 말했듯 노동을 통한 소득만으로 당신이 바라는 삶을 살기란 사실상 불가능하기 때문입니다. 그 방식이 주식이든, 부동산이든, 사업이든 상관없습니다. 제대로 공부하고 보다 먼 미래를 내다보는 건강한 투자를 할 수 있다면, 경제적 독립은 꼭 마흔, 쉰이 되서야 가능한 게 아니란 걸 깨닫게 될 것입니다.

서른, 어른이라 말하기엔 조금 부족하고, 어리다고 말하기엔 조금 넘치는 그런 나이를 살아가고 있습니다. 이 책을 쓰면서 내내 걱정이 앞섰습니다. 이제 막 서른 살이 된 제가 이런 얘길해도 괜찮은가에 대해 말이죠. 그럼에도 불구하고 책을 끝내야겠다고 생각한 이유는 세상에는 제가 누리고 있는 사소한 삶을 동경하는 사람이 적지 않다는 것을 알게 됐기 때문입니다.

잘 살아야겠다는 생각을 붙들고 책과 사람을 통해 착실히 공부해 온 지난 10년. 저는 서른에 투자를 위한 종잣돈과 제 명의의 작은 집을 소유하게 됐습니다. 허황된 미래가 아니라, 누구나 마음만 먹으면 얼마든지 가능한 미래를 스스로 만들었다는 뿌듯함은 이루 말할 수 없는 기쁨입니다.

이 기반을 통해 저는 좀 더 분명한 미래를 꿈꿀 수 있게 됐고, 반드시 그렇게 할 수 있으리라 믿습니다. 그리고 당신도 그렇게 살았으면 좋겠습니다. 여러분이나 저나 어려운 시대를 살아가는 서른임은 다르지 않으니까요.

당장 오늘부터 삶의 기반을 다지시길 바랍니다.

서른을 향해 가는, 30대를 지내고 있는 당신의 미래를 진심으로 응원합니다.

경제적·정신적 성장을 위한 유튜브 추천 리스트 10

채널명	소개
신사임당	스마트스토어를 통한 창업 콘텐츠를 시작으로 경제, 자기계발 분야의 전문가를 소개
런던오빠	신사임당 채널의 게스트로 등장하며 특유의 재치를 바탕으로 본인의 채널을 개설, 주식과 대기업 등 경제 전반에 걸친 이야기를 위트 있게 소개
신과함께	선별된 애널리스트들과 경제 전문가들을 초대해 주식어린이부터 주식고수까지 전 영역을 아우르는 경제 채널
JD 부자연구소	부동산과 투자 관련 서적을 낸 저자 조던의 채널로 미국 증시 및 세계 경제에 대한 저자의 인사이트를 공유
제네시스박	날마다 바뀌는 정부의 부동산 대책 속 재산을 안전하게 지키기 위한 부동산 세법을 이해하기 쉽게 설명해 주는 채널로 세금 외 전반적인 부동산 정보를 제공
빠숑의 세상답사기	입지전문가 김학렬(빠숑) 소장이 운영하는 부동산 채널로 뉴스 라이브 방송, 이슈 브리핑, 아파트 답사기 및 시장 인사이트 등 다양한 부동산 콘텐츠 제공

붇옹산 TV	네이버 최대의 부동산 카페인 '부동산스터디'의 운영자로서 매주 선별된 부동산 이슈를 소개
김작가 TV	신사임당 채널과 비슷한 콘셉트로 재테크, 자기계발 관련 콘텐츠를 제공
Thanks for coming	독서에 적합한 잔잔한 배경음악을 제공해 주는 채널로 재즈, 팝 등 운영자의 빼어난 선곡과 재치 있는 글귀를 맛보는 재미가 솔솔
일미터클래식	독서를 위한 BGM 하면 빼놓을 수 없는 클래식. '1m라는 가까운 거리에서 클래식의 감동을' 주는 다양한 프로그램과 콘텐츠 제공